Pourquoi les hommes sont lâches

et les femmes imprévisibles

GILLES
D'AMBRA

Pourquoi les hommes sont lâches et les femmes imprévisibles

J'AI LU

Bienêtre

Collection dirigée par Ahmed Djouder

Sommaire

Introduction

On respire le même air, on a partagé les mêmes bancs d'école, on travaille dans les mêmes entreprises, on a les mêmes droits, alors bêtement on croit qu'on est semblables. Faux. Pour de multiples raisons génétiques et culturelles, les femmes et les hommes ne fonctionnent pas de la même manière, même s'ils viennent de la même planète.

Vous rencontrez un homme, vous vivez avec lui, vous ressentez des affinités, alors vous imaginez bien naturellement que vous vous ressemblez un peu ou beaucoup. Mais, en réalité, il y a plus de différences génétiques entre vous et lui qu'entre lui et les grands singes, et plus de différences culturelles entre vous et lui qu'entre vous et une paysanne bantoue inculte de quatre-vingt-trois ans.

Un homme, ça ne réagit pas comme une femme. Pour un homme, il y a toujours un gagnant et un perdant. Avec un taux de testostérone vingt fois plus élevé, il se valorise dans l'action, le combat, la compétition. Explication des anthropologues : dans la préhistoire, la survie de nos ancêtres dépendait de la rapidité des mâles à faire face. D'ailleurs, aujourd'hui, même s'il se sert plus de son cerveau que de ses muscles (pas toujours), il garde le réflexe de s'énerver pour des riens. Secrétant moins d'adrénaline (car moins de testostérone), la femme (en général) est moins agressive, plus dans la convivialité et le plaisir. Elle veut être aimée (ce qui peut être une faille et fausser bien des rapports), rassembler, là où lui, il veut gagner.

Et ça ne parle pas non plus comme une femme. Dans un cerveau d'homme, la fonction langage est distincte de la fonction sentiment. D'où ses difficultés pour échanger, parler « sensible », son manque d'intérêt (voire son dégoût) pour les émotions. Deborah Tannen, une linguiste américaine, a montré que les femmes lancent et entretiennent les conversations, mais que les hommes les contrôlent. En coupant la parole (jusqu'à 96 % d'interruptions), en grognant (pour manifester leur intérêt) ou en restant silencieux (afin qu'elles changent de sujet). Elle a aussi montré que les femmes expriment rarement leurs demandes d'une façon directe. Pour un homme, habitué à s'exprimer de manière carrée, cette attitude est complètement incompréhensible : c'est de l'indécision, il ne le supporte pas et il tranche d'une manière unilatérale.

Une linguiste suisse, Edith Slembek, a d'ailleurs calculé que les femmes utilisent le conditionnel deux fois plus et cinq fois plus d'expressions limitatives comme « éventuellement » ou « un peu ». Elles posent aussi trois fois plus de questions, ponctuent leurs phrases de « n'est-ce pas », ou ne les terminent pas, et s'excusent plus fréquemment. Du coup, leur discours est perçu comme hésitant. Les hommes les croient peu sûres d'elles (à tort).

Ces observations sont confirmées par les sociologues du couple. Dans la vie à deux, une femme parle plus, parce qu'elle a plus à dire et à demander. En revanche, un homme se défile fréquemment dans la fuite silencieuse (il n'écoute pas, ne vous répond pas) et la défection secrète (il fait semblant de vous écouter, de vous comprendre). Ils ont aussi constaté qu'elle tentait plus souvent de parler de sa relation, mais que, la plupart du temps, ça ne marchait pas. En général, un homme se débrouille pour ne parler que de sujets neutres d'un point de vue émotionnel, affectif, qui n'impliquent pas sa relation.

De fait, quand une femme juge un homme, en fonction de sa propre sensibilité ou de ses propres réactions, elle a la plupart du temps tout faux. Ensuite, forcément, souvent elle s'en veut ou lui en veut. Elle a l'impression de s'être fait avoir ou d'avoir été lâchée. En réalité, elle s'est enfermée toute seule dans un certain nombre de préjugés. Les hommes en font, d'ailleurs, autant de leur côté. Rien d'étonnant donc s'il est si difficile de se rencontrer (14 millions de célibataires en France) ou de durer en couple aujourd'hui (67 % de risques de divorce selon l'INED).

Pourtant, tous les anthropologues qui se sont sérieusement penchés sur la question sont d'accord : l'amour, le couple ont un fondement inné. On croit que l'amour romantique est une invention de midinette. On pense qu'on peut faire l'amour sans sentiment. Mais c'est faux. Les hommes et les femmes sont génétiquement programmés pour créer des liens durables parce que c'est mieux pour améliorer les chances de l'humain. La preuve que l'amour est génétique, c'est que l'espèce humaine est devenue l'espèce dominante. Autre preuve : la constance du mariage et de la famille dans toutes les cultures, même les moins monogames. Partout, toujours, le mariage est la norme et la famille reste la base de l'organisation sociale. Bref, le couple à « développement durable » est possible, même si, en pratique, les femmes aiment le mariage beaucoup plus que les hommes et sont plus stables.

Mais cela suppose de réinventer les relations. Auparavant, elles étaient socialement codées pour le meilleur et le pire (plus souvent pour le pire côté femmes). Aujourd'hui, elles ne le sont plus et c'est tout un nouveau code amoureux (de bonne conduite) qui doit se mettre en place pour réharmoniser les rapports. Un code qui n'est pas, comme par le passé, imposé de l'extérieur, mais qui relève d'une volonté commune et d'une meilleure compréhension. À commencer par en finir avec l'illusion qui, sous prétexte d'humanité commune, voudrait que nos sensibilités, nos réactions, nos intérêts et nos stratégies soient identiques : apprendre enfin à voir l'autre tel qu'il est, à le décrypter dans ses différences.

C'est le propos de ce livre. Il s'adresse aux femmes qui aiment encore les hommes (presque toutes ☺), mais bien entendu aussi à tous les hommes qui continuent de penser que « deux cœurs, une chaumière », c'est un vrai projet, une belle aventure.

Rencontres

Entre deux hommes

Vous l'avez quitté, ou il vous a laissée. Du jour au lendemain, vous avez perdu l'essentiel, l'affectif. Mais aussi tout ce qui construisait votre vie au quotidien, ce qui lui donnait un sens. Vous vous retrouvez seule, un peu perdue. Vous n'avez plus les repères de la tendresse, de la sexualité, des « habitudes » d'une relation, le coup de fil qu'on donne dans la journée pour dire simplement à l'autre qu'on pense à lui. Tous ces rites d'une vie à deux, les petits déjeuners, les sorties, le partage de la salle de bains, qui remplissaient votre espace et votre temps. Avant, vous vous sentiez parfois envahie. Aujourd'hui, vous vous sentez désolée. Vous avez l'impression de vivre dans un *no man's land*. En attendant le prochain homme qui redonne de l'espoir à votre existence. Bien sûr, vous avez de quoi vous occuper, votre travail, un enfant... Ça ne suffit pas. Souvent, quand on a (ça arrive aux hommes aussi) un grand vide dans le cœur, on voit sa vie comme un désert. On a besoin de réapprendre (ou d'apprendre) à vivre seul(e). Pour ça, vous devez retrouver les bons réflexes.

« Le plus difficile est de s'habituer sans la personne, sans l'avoir quatre fois par jour au téléphone. Votre quotidien est chamboulé, vous ne le partagez plus, certains repères disparaissent... Je ne suis pas du tout à la recherche d'une autre histoire. Je suis convaincue qu'il faut toujours se laisser aller au hasard des rencontres. Les rencontres orchestrées d'avance ne marchent jamais. Je n'ai qu'un désir, faire le point sur ce que je veux et, surtout, sur ce que je ne veux plus. Les petites douceurs, je les trouve auprès de mes proches. Sur le plan affectif, j'ai besoin d'être en terrain connu. Je ne veux surtout pas m'enfermer, j'essaie au contraire d'aller vers les gens, vers ceux qui m'apportent quelque chose, qui vont de l'avant, qui sont drôles, positifs. J'organise des dîners à la maison, je m'invite chez les copains, les copines, je téléphone. Je ne me projette pas dans le futur, j'en suis incapable et cela ne m'intéresse pas. »

Malvina, 38 ans

Conjuguez-vous au présent

Entre deux amours, vous n'êtes pas entre deux vies. En vivant l'entre-deux comme une parenthèse, un temps mort, que vous vous efforcez de supporter vaille que vaille en guettant des jours meilleurs, vous construisez vous-même votre propre prison. Vous tournez en rond dans la cage de vos souvenirs ou de vos rêves d'avenir. Le bon réflexe, c'est de revenir au présent, même s'il n'est pas idéal, même si vous avez besoin de panser vos plaies. Quand on se retrouve seul, on passe toujours par un temps d'adaptation plus ou moins long. Pendant ce temps, il faut se laisser vivre sans trop penser à rien, éviter les pièges du passé et de l'avenir.

Pensez négatif

Le premier piège. Après une rupture, on devient toujours un peu amnésique. Quand vous pensez à votre ex, vous vous souvenez seulement des bons moments. Vous oubliez tout ce qui vous a conduit à votre séparation. Arrêtez d'enjoliver. Pensez plutôt à tous les inconvénients de la vie à deux, la dépendance, le manque de temps pour soi, les problèmes, etc. En pensant négatif, vous apprécierez à leur juste valeur votre tranquillité d'esprit. Vous pouvez enfin vivre à votre rythme. Vous n'avez plus besoin de rendre des comptes.

Ne vivez pas en transit

Le deuxième piège. Vous vous êtes mise en prison. Vous attendez la rencontre qui vous libérera, vous permettra de commencer une nouvelle vie. Même si vous êtes très optimiste, c'est source de malaise. L'amour, l'envie et la possibilité de partager sa vie avec un homme, ça n'arrive pas tous les jours. Peut-être demain (le miracle), l'année prochaine (si tout va bien) ou dans trois ans ! Là encore, vous devez penser négatif (plutôt dans trois ans que demain) et vous organiser une existence agréable en conséquence. Ne vous occupez pas bêtement comme si vous étiez en transit entre deux vols, dans une salle des pas perdus entre deux trains. Votre nouvelle vie, c'est maintenant. Construisez dans le durable, le permanent, avec de vrais projets que vous ne laisserez pas tomber quand vous aurez rencontré votre homme à venir. Vous n'êtes pas obligés d'être deux pour décider de déménager ou d'acheter une petite maison de campagne.

Redevenez égoïste

Quand on vit à deux, on perd (en principe) l'habitude d'être égoïste. Vous devez réapprendre à vous faire plaisir, à ne vous occuper que de vous. L'avantage d'être un, c'est que vous n'avez plus à penser à l'autre, à vous sentir coupable parce que vous préférez passer vos nuits en boîte ou avec un bon livre plutôt qu'avec lui ou vous affaler le soir devant un mauvais feuilleton à la télé au lieu de lui faire la danse des sept voiles. C'est le moment de vous réconcilier avec vous-même, de retrouver vos propres marques, vos goûts et vos couleurs.

> « Lorsqu'on a vécu dix-sept ans en couple, se retrouver seule avec deux enfants, cela s'apprend. J'ai cru d'abord que cette nouvelle indépendance allait me porter. Mais je me suis laissé envahir par le quotidien, peut-être m'y suis-je enfermée. Un temps, j'ai eu l'impression d'être coincée entre mes enfants, mon boulot, le ménage, les courses... Je n'avais plus envie

de faire quoi que ce soit. Je ne faisais plus confiance aux hommes, à moi-même. J'avais peur. Je savais qu'il fallait que je sorte de cette léthargie, que je fasse plus attention à ma personne et que je sache parfois abandonner des tâches ménagères devenues presque obsessionnelles pour sortir, voir des amis. Ma fille aînée m'y a poussée. Heureusement ! »

Florence, 41 ans

Réorganisez votre temps

Se retrouver seule, c'est forcément beaucoup plus de temps libre. Ici, l'erreur consiste à se laisser envahir par le quotidien, à se réfugier dans ses obligations, ses problèmes, ses corvées, pour remplir son temps. Le bon réflexe, c'est, au contraire, de profiter de ce temps disponible pour commencer du nouveau. Par exemple, démarrer les cours de sculpture ou de danse orientale dont vous rêviez depuis des années. Ou consacrer quelques heures par semaine à des activités associatives, humanitaires, etc. L'essentiel étant que votre solitude se traduise par un « plus », un bénéfice qui la valorise ou lui donne un sens.

« À l'approche de la trentaine, c'est un peu la panique. Le désir d'enfant que tu as peur de ne pas pouvoir concrétiser, la crainte de voir s'envoler le rêve de la jolie mariée dans sa robe blanche. En plus, il y a les parents à qui l'on ne veut pas montrer son désarroi et avec qui on prend une distance. Vivre seule, cela a signifié, pour moi, prendre d'abord un appartement. Un moment douloureux auquel j'ai voulu échapper en papillonnant à droite et à gauche, en sortant beaucoup, en jouant le jeu de la séduction à fond. J'étais alors sur mon petit vélo, je m'amusais et cavalais pour remplir mon temps. Moi, la fille sage, je faisais ma révolution sentimentale et sexuelle. Pendant un an, j'ai eu de multiples histoires, souvent d'une nuit. Je ne tombais pas amoureuse. Mais je me suis calmée. J'ai mis un terme à cette année passée à courir, cette fuite en avant mangeuse d'énergie, peu confortable et au fond très douloureuse. Aujourd'hui, j'ai commencé le temps de la réflexion. Je veux comprendre ce qui a conduit jusqu'à présent ma vie affective. »

Marie, 28 ans

Ne cherchez pas

En manque d'homme, vous êtes souvent tentée par le volontarisme. Vous vous dites : « En sortant tout le temps, en m'inscrivant à un site de rencontres, je multiplie mes chances de rencontre, c'est statistique, sur la masse, je finirai bien par en trouver un qui... » Ça ne marche pas comme ça. Les rencontres, les vraies, sont inattendues. Regardez derrière vous, elles vous ont toujours prise par surprise, souvent quand vous aviez l'œil défait, que vous ne pensiez pas séduction. En cherchant « la » rencontre, vous la faites fuir. Vous perdez un temps fou à rôder sur des sites en quête d'une improbable âme sœur. Vous épuisez votre santé pour rien dans des soirées ou des dîners mondains. À la longue, croiser tant de gens pour ne rencontrer personne, ça devient très décevant et déprimant. Alors, sortez autant que vous le voulez, mais sortez pour vous amuser, non dans l'espoir de... N'acceptez que les invitations qui vous font vraiment plaisir. C'est plus reconstituant de rester chez soi avec un bon livre, de la bonne musique, que de perdre son temps dans des relations superficielles.

Ne vivez pas cloîtrée

L'autre tendance, c'est naturellement de jouer les recluses, de ne plus y croire. Bien sûr, vous pouvez faire la rencontre de votre vie en allant chercher votre baguette, en accompagnant les enfants à l'école ou dans le bus pour aller à votre job. Mais, en vous enfermant dans vos habitudes, dans la routine, vous vous fermez aux autres. Après une journée ou une semaine chargée, on ne se sent pas la force (surtout quand on se dit « À quoi bon ! »). Rien que l'idée de se préparer, de ressortir, de parader, on se dit « Bof ». Là aussi, regardez dans votre passé. Souvent, vous avez été agréablement surprise par une soirée, un dîner, où vous êtes allée en traînant les pieds, contrainte et forcée par vos amis. En fait, le bon réflexe, c'est de rester chez soi quand on est fatiguée physiquement et de sortir quand on l'est moralement.

N'attendez pas d'être invitée

Vous vous mettez automatiquement en situation de manque. Une invitation trop attendue, c'est comme un film dont on a trop entendu parler. On se fait une joie à l'avance. Au finish, on est souvent déçu. Vous passez des heures à vous préparer, à choisir une tenue, à vous faire belle. Quand vous arrivez, vous avez l'angoisse des entrées en scène. Vous avez l'impression de passer un examen. Ou pire, vous devenez parano. Vous comptez les assiettes et vous vous dites : « Oh ! là, là !, un chiffre impair, c'est moi qui suis en trop ! » Ici le bon réflexe, c'est de ne pas aller chez des gens que vous ne recevriez pas chez vous et de ne pas être toujours celle qu'on invite.

« J'ai viré les anciens meubles, changé ma façon de m'habiller. Finis les tailleurs, les escarpins, les ongles peints pour le seul plaisir de plaire aux hommes, de correspondre au genre qu'ils pouvaient aimer. J'ai commencé par m'acheter les mocassins qui me plaisaient, j'ai coupé mes cheveux, j'ai cessé de me voir dans le regard de l'homme que je cherchais désespérément. Autour de moi, mes amis ont remarqué le changement et m'encouragent. J'apprends à vivre avec la solitude, j'accepte de ne rien faire le soir, de rester chez moi seule à lire un livre ou à me faire un plateau télé sans rester scotchée au téléphone en attendant qu'il sonne. Le répondeur n'est plus l'objet obsessionnel sur lequel je plongeais à peine franchie la porte d'entrée. Je cours à nouveau tous les jours. Avant, il fallait que je me force, je me disais, ce serait tellement bien à deux. Raisonner de cette façon est pire que tout. Depuis un an, je n'ai pas eu la moindre histoire. Je ne dis pas que cela ne me manque pas, mais je suis passée à une autre période de mon histoire personnelle. Si un soir je me sens déprimée, je me couche et je refoule mes angoisses. Je sais que, le lendemain, tout sera plus clair. »

Laure, 30 ans

Faites des dîners chez vous

Toujours le syndrome de la prisonnière. Vous ne vivez pas vraiment dans votre appart. Chez vous, vous avez l'impression d'être enfermée. La vraie vie, c'est dehors. Vous imaginez pouvoir sortir de temps en temps (ou souvent). Vous ne pensez même plus que vous pouvez vous aussi recevoir. Quand on vit seul(e), on a souvent tendance à n'exister que par les autres. En organisant des dîners chez vous, vous existez pour les autres. Cela fait une grosse différence. En prenant des initiatives, vous vous ouvrez sur les autres. Vous vous sentirez mieux dans votre peau en donnant de vous-même au lieu de vous contenter d'être à la traîne des plaisirs ou des loisirs des autres.

« En emménageant dans mon appartement, j'avais repris une vie de célibataire. J'aspirais à la paix. Je redormais, je bavardais avec les copines, je me plantais devant la télévision sans attendre quoi que ce soit et surtout pas un mec. Même si j'aimais entretenir avec eux des rapports de séduction, ça restait platonique. C'était une période de cicatrisation, de repli sur moi. Je n'avais ni désespoir ni angoisse. Je ne doutais pas qu'une rencontre se ferait. Je me sentais seulement moche, mal dans ma peau, mais je n'avais pas pour autant une vie de recluse. J'étais handicapée sentimentalement, je laissais les jours filer sans aucun état d'âme. Ce temps de la réconciliation est terminé. Depuis deux mois, je suis troublée par un homme qui, je crois, l'est aussi. Je ne veux rien provoquer. Je donne le temps au temps. »

Isabelle, 32 ans

Pourquoi ils n'osent plus draguer ?

Au secours ! Les hommes ne draguent plus. Ils n'osent pas, ils n'osent plus. Officiellement, il n'y a pas de chiffres sur le phénomène, mais il suffit de parler « entre filles » pour mesurer l'ampleur de la débâcle. Ce bon vieux mâle latin n'est plus à la hauteur de sa réputation. Non content d'avoir le spermato ramollo, il a perdu de son allant. Ça remonte à quand, la dernière fois où, au restaurant, un monsieur vous a fait porter toutes les fleurs de la rosière parce qu'il a craqué pour votre sourire ? Et la fois où, à la terrasse d'un café, un autre s'est arrêté pour vous demander de lui faire une petite place à votre soleil ? Ne parlons même pas d'être sifflée dans la rue (seules 13 % des femmes pensent que ça relève du harcèlement sexuel). Pourtant, ça ne manque pas les hommes en quête de l'âme sœur pour une nuit ou pour la vie. Rien qu'en célibataires : près de 7 millions de moins de 60 ans (source Insee). Et un sur deux qui veut se caser. N'empêche. Le nombre de femmes seules, avec ou sans enfants (presque 2 millions aujourd'hui des moins de 60 ans), ne cesse de croître. Particulièrement dans les grandes villes, la tranche de 25-45 ans et les professions cadres où une femme sur trois est en manque d'homme. Situation paradoxale : les femmes, les hommes se cherchent de plus en plus et se trouvent de moins en moins. Si l'on n'inverse pas la tendance, les sites de rencontres (de plus en plus florissants) vont finir par rentrer dans le CAC 40. Et le marketing va bientôt remplacer la drague spontanée. Pourquoi les hommes n'osent plus draguer ? Parce qu'ils ont peur, disent les femmes, ils ne savent plus très bien comment s'y prendre pour nous séduire. Mais les mâles de tout poil (les imberbes aussi) sont évidemment d'un autre avis. On leur a demandé pourquoi ils n'osaient plus draguer. Pour eux, c'est la faute des filles. Édifiant !

« Elles ne sont pas assez comme dans les magazines »

Eh oui ! À force de leur montrer des filles sublimes, avec des jambes qui n'en finissent pas (en longueur), des peaux lumineuses et des rondeurs à croquer, les hommes y ont pris goût. Aujourd'hui, beaucoup avouent sans complexe qu'ils ont dans les yeux un modèle taille (et mensurations) mannequin. Sortis de là, ça ne les intéresse pas, ils ne voient même pas. 41 % préféreraient vivre avec une femme très belle, même pauvre et niaise, plutôt qu'avec une moche intelligente (sauf si elle est très riche, les temps sont durs). Alors, pour une nuit, n'en parlons même pas. Ça n'en vaut pas la peine si la fille n'est pas canon. Surtout que, passé 30 ans, avec la vie métro-boulot-dodo, elles ont souvent mauvaise mine, dixit Thomas, et elles sont « trop crevées pour que tu t'éclates vraiment avec elles ».

« Elles sont trop comme dans les magazines »

C'est arrivé à tous les hommes de tomber un jour ou l'autre sur une fille et de se dire : « Elle est trop jolie, elle n'est pas pour moi. » Depuis des siècles, c'est comme ça. Avant, ils le prenaient plutôt bien, avec un petit pincement (de dépit) et beaucoup de philosophie (de comptoir). Surtout que, les filles trop belles, c'était rare. Aujourd'hui, il y en a partout. Donc, plus d'occasions de se sentir hors course, d'avoir bobo à l'ego. Le pire, en plus, c'est qu'elles savent qu'elles sont belles. Elles en profitent et se montrent parfois cruelles.

« *Elles font bloc* »

Facteur dissuasif aussi : de plus en plus, les filles se déplacent en bandes de copines. Les hommes n'aiment pas trop. Pour draguer la femme de sa nuit ou de sa vie, il faut quand même qu'elle soit toute seule. C'est le b.a.-ba de la sociologie des groupes. Un homme qui veut brancher une fille très entourée n'a que deux solutions. Ou tenter de s'intégrer dans la bande, mais la plupart des hommes (à la différence des femmes qui s'intègrent plus facilement dans un groupe d'hommes) en sont incapables. Ou essayer de séparer la fille de ses copines. Mais dans ce cas, l'instinct grégaire jouant, une femme reste scotchée à ses copines même si un homme lui plaît. Et, inconsciemment, la bande fait bloc devant l'intrus. C'est la veste à coup sûr. Avec en prime la honte, la peur du ridicule, amplifiées par le nombre.

« *Elles sont pressées* »

Amusant. Pressés, trop pressés, c'est ce que les femmes reprochaient presque toujours avant aux hommes. Ils ne savent pas attendre, prendre le temps de faire leur cour à l'ancienne, ils veulent coucher dès le premier soir. Maintenant, c'est le monde à l'envers.

Beaucoup d'hommes se plaignent (mais sont-ils vraiment sincères ? ils n'ont pas de scrupules pour en profiter...) qu'il n'y a plus de suspense. Beaucoup de filles, surtout dans la tranche des 20-30 ans, répondent tout de suite à la demande. Elles aussi, elles n'ont pas de temps à perdre. Oui ou non, un homme sait souvent vite à quoi s'en tenir, il n'y a plus d'ambiguïté, pas de raison de vraiment draguer.

« *Elles font tout le boulot* »

Les filles draguent. Pas toutes, bien sûr, mais suffisamment pour que ce soit devenu monnaie courante. Du coup, de plus en plus d'hommes attendent qu'elles fassent le premier pas, voire qu'elles prennent toutes les initiatives. Les timides d'abord que cela arrange bien. Les complexés, mais aussi les malins qui ont compris qu'un garçon qui ne sait pas s'y prendre avec une femme, c'est toujours très attendrissant. Les nouveaux machos en profitent aussi. Pourquoi nouveaux ? Parce que leur machisme repose moins sur une prétendue supériorité personnelle que sur un calcul. Il y a plus de filles que de garçons. En plus, elles draguent. De là à se prendre pour d'irrésistibles objets du désir... Même les plus gringalets n'hésitent pas.

« *Elles savent ce qu'elles veulent* »

Les femmes ont pris du poil de la bête. Elles se disent flattées que les hommes viennent faire leur paon (deux Françaises sur trois). Mais la drague classique, souvent, elles ne supportent plus. Pas seulement la drague bien grasse bien lourde des sous-Néandertaliens. Mais aussi celle plus fine (et plus hypocrite) des tchatcheurs de charme. Maintenant, les don Juan, elles les voient venir de loin. À 25 ans, elles aiment bien encore qu'on leur dise un truc idiot du genre « Vous habitez chez vos parents ? ». Elles trouvent ça mignon. À 35 ans, elles éjectent tout de suite.

« Elles risquent de chambouler notre vie »

Les femmes, victimes de leur succès ? Beaucoup d'hommes n'osent plus draguer (en tout cas, pas vous) parce qu'ils sont encore dans le giron maternel ou à fond dans leur boulot. Donc pas question que quelque chose arrive pour chambouler leur vie. Ils ne prennent pas le risque d'investir dans une relation, de se trouver dans une situation incontrôlable. Ils n'ont pas le temps, ils n'ont pas envie de s'engager. Une femme qui leur plaît vraiment, ils se défilent avant même de draguer. Ils ont envie de s'amuser, pas de gravité, de sérieux.

« Elles ne nous donnent pas l'occasion »

Avant, on draguait spontané, dans la rue, au bistrot, en boîte, dans le métro. Maintenant, cela demande toute une logistique, des amis communs, des invitations. Sinon, côté rencontres, c'est le grand désert. D'où le succès des sites de rencontres à la Meetic. On sort beaucoup, soirées, cocktails... Mais sans illusions. Trop éphémère, trop compliqué, pour pouvoir draguer, établir un vrai contact. Du coup, les femmes, partant du principe qu'elles ne rencontreront personne, sortent souvent accompagnées (en copains). Forcément, c'est dissuasif pour le type qui est tout seul. Il n'ose pas aborder, il reste dans sa bulle.

« *Elles affichent pas libre* »

Autre raison pour ne pas oser : les hommes ne savent plus. Ils ne savent plus si une femme est libre, s'ils lui plaisent, s'ils ont une chance. Avant, à moins d'être de gros balourds, ils pouvaient décrypter. Maintenant, c'est trop compliqué, ils n'y arrivent pas. Les femmes n'envoient plus les bons signaux. Plus elles cherchent, plus elles font croire qu'elles sont *non open*. Car, aujourd'hui, sous prétexte de ne pas faire peur aux hommes, il faut souvent ne pas avoir l'air d'être disponible, de chercher. Donc brouiller les pistes, dissuader d'emblée. Résultat : le type en face s'imagine qu'il va prendre une veste et n'essaie même pas, sauf s'il a fait psycho et qu'il est capable de comprendre à l'envers : si une femme ne regarde pas un homme, ne lui parle pas ou alors est limite désagréable, c'est peut-être qu'il lui plaît !

Se rendre accessible

Vous n'êtes pas immonde, plutôt désirable même, vous avez un QI largement au-dessus de la moyenne nationale, pas (trop) de complexes ni de fil à la patte. Pourtant, vous n'avez pas de fiancé, de petit ami ou de mari. Vous sortez beaucoup, mais vous ne rencontrez personne. Votre existence est une peau de chagrin, une routine sans surprise. Rendez-vous à l'évidence : vous n'êtes pas accessible. Vous croyez être ouverte, disponible. En fait, vous ne l'êtes pas. Vous dressez (inconsciemment) des barrières, toutes sortes d'obstacles entre vous et les autres. Pire qu'impénétrable, un vrai labyrinthe qui dissuade les plus intéressés. « Quand je sors, j'ai toujours l'impression que personne ne me regarde, avoue Chloé. Mais, après coup, mes amies me disent souvent : tu as beaucoup plu à un tel ou un tel, mais il n'a pas osé. Tu donnes l'impression que tu es très bien comme ça ou que tu es maquée depuis vingt ans. » Combien d'occasions manquées parce qu'on ne sait pas voir qu'un garçon craque ou qu'on affiche « pas libre » sans même s'en rendre compte. Comme Laura par exemple : « Un jour, je suis tombée raide dingue devant un architecte. J'étais totalement libre, mais il ne s'est rien passé. Je l'ai revu par hasard quelques années plus tard et j'ai eu une histoire avec lui. Il m'a avoué : jamais je n'aurais osé à l'époque, je pensais que tu n'avais besoin de personne. » Combien de vraies rencontres ratées, d'amours perdues, parce qu'on n'envoie pas au bon moment les bons signaux. « J'ai failli rater l'homme de ma vie, raconte Barbara. On a percuté tous les deux quand on s'est rencontrés, mais je partais le soir même à la montagne. Je mourais d'envie qu'il m'appelle, mais, quand je l'ai eu au téléphone, je lui ai presque raccroché au nez en lui disant : je n'ai pas le temps, on m'attend pour dîner. Évidemment, il a pensé : je dérange, je n'ai rien à faire dans la vie de cette fille-là. »

Pourquoi il ne m'arrive jamais rien ?

À moins d'une existence de nonne, la vie offre en général de nombreuses occasions de rencontres amoureuses ou non. S'il ne vous arrive jamais rien (ou si peu), c'est que vous ne savez pas voir ou saisir les opportunités. Après coup, vous vous dites : « Je m'en suis aperçue trop tard », « Ça n'était pas le bon moment », « Je ne m'en sentais pas capable », « Je n'avais pas le temps », « Je ne voulais pas faire de vagues », « J'ai trop réfléchi », etc. Tout ça c'est du pipeau, des histoires qu'on se raconte pour se retrancher dans sa bulle tout en continuant à se croire ou se dire disponible. La vérité, c'est qu'on est limité par nos propres conditionnements comme si on était préprogrammé. En réalité, on est inaccessible pour différentes raisons. Adulte, nous gardons en nous les remontrances que nous avons subies dans notre enfance. Celles-ci remontent à la surface chaque fois que nous sommes confrontés à une nouvelle situation, face à des inconnus. Par exemple, on se dit : « Tu vas avoir l'air bête » ou « Tu n'y arriveras pas », etc. Un psychanalyste américain, Taibi Kahler, appelle ces injonctions des « enregistrements mentaux » ou des « mini-scénarios ». Ce sont eux qui limitent nos possibilités de rencontre, qui nous empêchent d'établir des relations. Ils dressent entre nous et les autres d'invisibles et infranchissables barrières. En tout, il y a cinq scénarios préprogrammés qui correspondent chacun à un type de remontrance de la part des parents.

« Sois forte »

Sentiment associé : l'orgueil. On paraît toujours un peu distant, presque méprisant. On ne montre pas ses sentiments. On n'est pas à l'aise dans les compliments. On pense qu'on n'est pas apprécié à sa juste valeur... On est inaccessible pour éviter de se mettre dans une situation où l'on pourrait être rejeté.

« Dépêche-toi ! »

Sentiment associé : l'angoisse. On se plaint, on boude, on n'écoute pas, on parle sans cesse. On vit en état d'urgence. On s'efforce de faire un maximum de choses possibles en un temps record. On est inaccessible parce qu'on évite de réserver du temps libre, car une rencontre risquerait de remettre en question trop de choses dans notre vie.

« Sois parfaite »

Sentiment associé : la honte. Profondément, on ne se sent pas à la hauteur, on doute de soi et de ses possibilités. On est « raide », on a du mal à s'adapter en société. Dans ce cas, on est inaccessible pour éviter de remettre en question ses critères de jugement, ses opinions et ses valeurs. La plupart des gens qu'on rencontre ne paraissent pas acceptables.

« S'IL TE PLAÎT »

Sentiment associé : la peur. On s'efforce d'être gentil, aimable avec tout le monde, de se montrer agréable, d'aplanir les situations, et on dit oui en pensant non. On est inaccessible pour éviter de confronter ses véritables sentiments avec ceux des autres.

« FAIS UN EFFORT ! »

Sentiment associé : la culpabilité. On ne croit pas en soi, on a peur de mal faire. On laisse passer les occasions en se disant que la prochaine fois sera la bonne. On ne va pas jusqu'au bout de ses relations. On est inaccessible pour éviter de déclencher des sanctions en cas d'échec (« Je vais décevoir », « Il va m'en vouloir », « Je vais souffrir », etc.).

Comment se rendre accessible ?

Comment ne pas laisser passer le père de ses futurs enfants, comment donner sa chance à l'amour, à l'amitié, ou même au business. Autrement dit, comment créer et saisir les opportunités.

SAVOIR CE QU'ON VEUT

Après tout, vous êtes peut-être très bien comme ça. Votre vie est déjà pleine. Entre une grande famille, des amis d'enfance, un job prenant, les cours de piano, vous n'avez pas de place (ni de temps ou si peu) pour vivre autre chose. En tout cas, pas pour l'instant. Il y a des moments comme ça, dans la vie, où on n'est pas vraiment disponible. Même si on croit l'être ou si on en a envie. Bien connaître ses priorités, c'est important pour ne pas se bercer de fausses attentes ni donner aux autres de faux espoirs, l'illusion que quelque chose est possible alors que rien ne l'est.

Ouvrir les yeux

Souvent, on rate une rencontre parce qu'on ne sait pas voir. Si vous croyez que personne ne vous regarde, c'est qu'en fait vous ne regardez personne. Se rendre accessible, c'est apprendre à voir, à regarder vraiment (dans les yeux). À commencer par son propre entourage. On connaît tous des gens qu'on « ignore » parce qu'ils nous sont devenus trop familiers. On ne les voit plus (mais les a-t-on vraiment vus) parce qu'ils font partie de notre paysage quotidien. Vous ne voyez pas le garçon que vous croisez chaque jour au bureau ou au marché et qui n'attend qu'un... regard pour se précipiter. Vous ne voyez plus celui ou celle qui pourrait devenir un ami de « trente ans ». Ouvrez les yeux et gardez-les grands ouverts : les rencontres ne se font pas seulement dans les endroits où on les espère (41 % en boîte de nuit, 33 % chez des amis), mais aussi dans les rues, les autobus, les magasins (21 %) ou encore au travail (17 %) ou sur le Net.

Prendre le temps

Une rencontre, ça n'arrive pas forcément au bon moment dans la vie ou la journée. En général, c'est plutôt le contraire. Une existence trop bien remplie, des programmes trop chargés, ça vous classe automatiquement dans les inabordables. Être accessible, c'est arrêter de courir (ou de faire semblant). On viendra plus facilement vers vous, si vous cessez de donner l'impression d'être « surbookée » comme un top model ou « deborded » comme un présidentiable en campagne. En déchargeant votre emploi du temps, vous vous donnez aussi le temps de « voir » et une marge de liberté pour permettre à l'inattendu d'entrer dans votre vie. Laissez-vous désorganiser, il sera toujours temps plus tard de vous réorganiser.

Annoncer la couleur

Si un homme vous trouve désirable, il imagine que vous l'êtes aussi pour d'autres. Sortir seule, ce n'est pas forcément n'avoir personne dans sa vie, sa tête ou son cœur. Ça ne se fait pas de demander : « Vous vivez chez votre mari ? » ou « Le garçon, là, c'est juste un copain ou votre amant ? ». Si vous êtes libre, faites-le savoir. Vos amies peuvent s'en charger si trop de pudeur vous retient. C'est mieux de le dire soi-même en style direct : « Je suis célibataire. » C'est un bon sujet de conversation et un encouragement pour l'autre. La voie est libre, il peut tenter sa chance.

Prendre des initiatives

Quand quelqu'un nous intéresse, nous plaît, on imagine que le contact va se faire naturellement. On se reconnaît un peu dans l'autre et on pense que l'autre se reconnaît un peu en nous. C'est vrai, mais ça ne va pas de soi. Il faut souvent donner un petit coup de pouce au destin. En fait, nous sommes souvent mal préparés à établir des relations claires et directes. C'est difficile d'exprimer ses désirs, ses sentiments. On hésite à interroger (qui il est, ce qu'il pense de nous, etc.) quelqu'un qui nous plaît. On a peur des réponses. Il y a des choses qu'on redoute ou qu'on n'a pas envie d'entendre. Surtout si on n'a pas une bonne image de soi ou si on est très susceptible. On craint parfois d'être rejeté ; c'est difficile pour vous, mais c'est aussi difficile pour la personne en face de vous. Aujourd'hui, les hommes ne savent plus très bien comment s'y prendre pour séduire (32 % des femmes le déplorent). Ils ont moins de certitudes (c'est plutôt mieux) et d'assurance. Ils s'attendent à ce que vous preniez des initiatives. Pas forcément des appels du pied, mais des regards, des propos sans ambiguïté. Vous ne pouvez pas jouer les grandes dégourdies, hyper à l'aise (apparemment) dans son job et ses baskets et perdre tous vos moyens en face d'un mâle modèle courant. N'hésitez pas à poser des questions directes pour montrer votre intérêt, votre disponibilité. Toujours en mode ouvert. Évitez les questions fermées où l'autre ne peut répondre que par oui ou par non. Ça bloque une conversation ou ça fausse une relation parce que ça oblige à mentir. Ne demandez pas : « Vous aimez les rousses ? » (vous l'êtes) ou « La fille avec qui vous êtes venu, c'est votre sœur ? », mais « D'habitude, vous pensez quoi des rousses ? » ou « Elle a l'air intéressante la fille avec... ».

Croire en sa chance

En baisse de forme, on voit tout en noir. On se sent moche, inintéressant, on est sûr de n'attirer personne. En fait, c'est le contraire. Toutes les études réalisées sur les rencontres montrent que les plus importantes surviennent fréquemment dans les moments de découragement, quand on n'y croit pas, qu'on n'attend rien. Un choc amoureux suit souvent une période de dépression. Dans les passes difficiles, de simples sympathies deviennent de solides amitiés. Ne vous fermez pas quand vous n'avez pas le moral. Ne refusez pas les sorties, les invitations. Laissez-vous porter par votre entourage et par les événements.

Ne pas avoir de préjugés

Les préjugés, c'est une autre façon de tenir les gens à l'écart. On a dans la tête une image idéale de l'autre (héritage d'un père trop présent ou trop absent) et on essaie de faire « coller » les personnes réelles à cette image. Évidemment, elles ne sont jamais conformes, à la hauteur. On leur trouve toujours le petit défaut qui flingue et qui vient renforcer nos préjugés. On fait d'un défaut, d'une faiblesse, mineurs ou passagers, un empêchement majeur, définitif. Ici aussi, il faut apprendre à voir (et à écouter), ne pas s'arrêter à l'apparence ou à la rumeur. Tout ce que dit ou fait quelqu'un peut s'interpréter d'une manière négative. En faisant ça, on croit se protéger. En fait, on se ferme. C'est comme si on se mettait soi-même en prison au prétexte qu'il y a des bandits (une minorité) dans les rues. Être accessible, c'est accorder aux autres, et *a priori*, un crédit confiance. Pas illimité, bien sûr, juste le temps de voir venir. En montrant à quelqu'un que vous attendez beaucoup de lui, vous l'encouragez à donner le meilleur de lui-même. En le soupçonnant du pire, vous lui ôtez toute raison (et envie) de faire un effort.

Se protéger

Ça a l'air contradictoire avec ce qui est écrit précédemment. Ça ne l'est pas. Accessible ne veut pas dire facile, encore moins provocante. On ne s'ouvre pas aux autres en cessant de se respecter. Rire aux plaisanteries les plus vaseuses, applaudir aux idées les plus imbéciles, permettre les propositions les plus indécentes, ça n'a rien de « libéré ». Plutôt le contraire.

En plus, ça ne fait qu'attirer les nullos, les avides, tous ceux (ou toutes celles) qui veulent prendre beaucoup sans rien avoir à donner. Une rencontre, c'est (objectivement) un risque qui doit être calculé. Le risque, c'est que vous pouvez perdre (un peu) de votre temps. Le calcul, c'est (au pire) ne perdre que du temps.

Auraient-ils un sixième sens sexuel ?

La sélection naturelle encourage un appétit sexuel sans bornes chez les mâles de toutes les espèces. Dès qu'il s'agit de sexe, les hommes ne sont souvent pas regardants, la nature les a privés de tout discernement. Mais pour favoriser la reproduction (un mâle a besoin de savoir quand une femelle est prête à faire des petits), la nature les a aussi dotés (pas tous hélas !) d'un solide sixième sens sexuel. Un homme sait d'instinct, à sa façon de se tenir, bouger, parler, sourire, si une femme est libre ou pas, chaude ou froide, triste ou heureuse, « insécure » ou confiante et, finalement, intéressée par lui.

Ils savent si vous êtes amoureuse (d'un autre)

Même si vous êtes très seule, un homme devine tout de suite si vous avez un autre homme dans votre vie. À des petits riens : votre regard glisse sur les autres hommes, ne s'attarde jamais, et ce n'est jamais qu'un regard : votre corps ne suit pas le mouvement. Oh, bien sûr, vous pouvez vous intéresser à lui, vous montrer particulièrement enjouée, souriante, mais physiquement vous restez à distance, vous n'entrez pas dans son territoire intime (50 cm autour de lui). Vous évitez le contact, ou alors il est très maternel (l'amour vous rend bienveillante). D'ailleurs, souvent, vous vous débrouillez pour glisser dans la conversation, dès les premières phrases, « Mon homme » (avec un trémolo dans la voix), ou quelque chose comme ça, pour qu'il n'y ait surtout pas d'ambiguïté.

Ils savent si vous êtes OK avec votre corps

Oh ça, ce n'est pas bien compliqué à voir. Il suffit de regarder comment vous êtes habillée et bougez.

Côté look, des vêtements trop amples, un homme se doute bien que vous avez des kilos à cacher, une jupe qui arrive aux pieds lui fait souvent penser que vous n'êtes pas bien fière de vos jambes, un gros pull et des épaules rentrées, que vous cherchez à cacher des seins trop gros pour vous, etc. Votre attitude est aussi très révélatrice. Regards fuyants, gestes fermés (les bras qui ne sortent jamais de votre zone corporelle), mouvements répétitifs (croiser et décroiser sans cesse les bras, les jambes), auto-contacts corporels fréquents (vous vous touchez sans cesse le visage, le corps), etc. : autant de signes qui ne trompent pas. Le plus flagrant : un fond de teint trop visible, comme un masque derrière lequel vous tentez de vous dissimuler.

Ils savent si vous êtes sérieuse

Depuis toujours, les hommes ont tellement la frousse que leurs petits ne soient pas d'eux qu'ils vous classent (plus ou moins consciemment) entre « impatientes sexuelles » (celles qu'ils n'épousent pas) et « reproductrices » (celles avec qui ils imaginent élever des enfants), et ils ont des antennes pour faire la différence. À quoi « voient-ils » si une femme est sérieuse ou non ? À sa réserve : vous parlez moins avec le corps et plus avec les mots, votre voix est posée (ni trop haute ni trop basse, ni trop lente ni trop rapide), votre regard clair (direct, sans ambiguïté) et vous vous montrez attentive (vous écoutez vraiment ce qu'ils vous racontent).

Ils savent si vous aimez le sexe

S'il y a bien un domaine où les hommes (la plupart) ont un sixième sens aiguisé, c'est celui-là. Un homme sait tout de suite si vous êtes *a priori* une bonne affaire au lit. À quoi le devinent-ils ? Eh bien, paradoxalement, à une certaine réserve. Look sexy, mais pas trop (vous n'arborez pas vos seins comme des appas sexuels), attitude chaleureuse, mais pas provocante, un homme sent bien que vous avez l'assurance tranquille de vos plaisirs et de vos jouissances, que vous n'avez pas besoin d'en rajouter : vous n'avez rien à prouver, ni à lui ni à vous. Plus indéfinissables : vos phéromones, les odeurs subliminales que vous dégagez ; les hommes n'en ont pas conscience, mais elles les attirent irrésistiblement (souvent d'ailleurs au détriment d'autres filles plus jolies ou plus intéressantes).

Ils savent si vous êtes en rivalité avec les autres femmes

Comment devinent-ils cela ? Souvent parce que vous présentez bien : corps, look, attitudes, un homme voit que vous investissez beaucoup (et trop) dans votre image : au fond, vous vous comportez plus comme un objet (sexuel ou non), une marchandise désirable, que comme une personne. Parfois aussi parce que vous lui signalez systématiquement le « détail qui tue » chez les autres filles, même ses amies proches. Toujours parce que vous ignorez ostensiblement les femmes présentes : vous n'avez d'yeux, de mots que pour les hommes. D'ailleurs, immanquablement, vous déclarez très vite que vous vous sentez mieux avec les hommes, que vous n'avez pas vraiment d'amies femmes.

Ils savent si vous êtes vulnérable

Vous avez le cœur lourd (vous sortez d'une rupture dont vous ne vous êtes pas encore remise), un gros déficit narcissique (vous vous sentez moche, nulle...). Un homme le ressent ! Vous rentrez votre tête dans les épaules, vous parlez moins, plus lentement (et un ton plus bas), vos gestes, vos mouvements sont plus ralentis, vous ne souriez plus qu'à moitié, en coin... Et vous le regardez par en dessous en levant les yeux (= signal de soumission chez les animaux, les enfants). Tout vous désigne comme une proie : vous êtes prête à ouvrir votre lit pour un peu de chaleur humaine, vous prouver que vous pouvez encore séduire.

Ils savent si vous êtes en demande affective

Voilà aussi quelque chose que les hommes sentent très vite inconsciemment, qui alerte leur cerveau reptilien. Par exemple, un homme fait attention à vous dans une soirée et vous ne le quittez plus : vous n'avez plus un regard, un mot pour les autres hommes, vous délaissez vos copines, vous le buvez des yeux... Ou alors, vous le connaissez à peine, vous avez passé une, deux nuits ensemble, et vous prenez déjà des habitudes de couple : vous appelez tous les jours sous des prétextes divers, vous lui rendez des comptes sur votre emploi du temps (alors qu'il ne vous a rien demandé), vous l'inscrivez automatiquement dans vos projets (dîners amicaux, vacances, etc.). Et surtout, vous dites « oui » à presque tout : goûts, idées, préférences... Vous faites toutes les concessions.

Ils savent si vous êtes troublée par eux

Un homme vous plaît (même si vous n'êtes pas vraiment disponible), ça ne rate pas, vous devenez automatiquement plus nerveuse : votre débit verbal s'accélère (et votre voix monte dans les aigus), vous faites des plaques rouges à la base du cou (rougir, c'est une façon de montrer ce qu'on voudrait justement cacher : trouble, émotions, timidité et, plus profondément, excitation sexuelle). Souvent aussi, vous vous mordillez les lèvres, vous faites des nœuds avec vos doigts (en fait, vous réprimez l'envie de le toucher), vous devenez maladroite (vous renversez votre verre, vous vous cognez contre le lampadaire...).

Ils savent si vous avez confiance en eux

Cela, un homme le pressent tout de suite à d'infimes détails : un regard direct (droit dans nos yeux) qui ne se dérobe pas, un sourire franc (pas seulement des lèvres), une main posée sur notre bras... Et puis, quand vous avez confiance en un homme, vous ne vous surveillez plus, en tout cas, moins. Vous ne vous dites pas : « Qu'est-ce qu'il va penser si je fais ci ou ça, dis ci ou ça », vous avez moins peur d'être jugée, et cela se sent à vos regards, vos rires, une certaine façon de parler (moins dans la séduction et plus dans la complicité) d'égale à égal.

Ils savent si vous avez envie d'eux

Depuis qu'ils sont des bêtes (avant même Cromagnon), les hommes perçoivent inconsciemment certaines attitudes comme des invites sexuelles. Quand vous inclinez la tête sur votre épaule gauche, par exemple, que vous vous passez sans arrêt la main dans les cheveux ou que vous vous caressez machinalement (et de manière répétitive) le cou, un sein (le gauche), ça envoie directement un signal fort à leur cerveau reptilien : « Elle veut. » Idem quand un homme vous plaît vraiment, vos pupilles s'agrandissent. Lui, évidemment, il ne se dit pas : « Tiens, ses pupilles s'agrandissent », mais il capte automatiquement.

Prenez deux filles, Julie et Chloé. Julie est plutôt canon, Chloé un peu moins. Julie, qui s'est dit : « Ce soir, je ne rentre pas seule » en fait beaucoup, Chloé, qui n'a pas de projets, est plus réservée. Et pourtant elle attire plus l'attention des hommes. Pourquoi ? Parce qu'elle est en pleine ovulation ! De nombreuses expériences menées dans des bars de célibataires aux USA ont montré que les femmes qui avaient le plus de succès n'étaient pas spécialement les plus jolies, mais les plus « ovulantes ». Explication des anthropologues, contrairement aux femelles du monde animal, les femelles humaines ont inventé l'ovulation cachée pour donner le plus de chances à leurs petits (comme les mâles ne savent pas qui est le père, ils les élèvent indifféremment au lieu de tuer ceux des autres). Du coup, les mâles humains ont développé une sensibilité particulière aux signaux les plus subtils et les plus inconscients pour déceler les femelles réceptives (souvent « à l'insu de leur plein gré ») sexuellement.

Rounds d'observation

Pourquoi les hommes sont lâches ?

Les hommes sont lâches. C'est un fait dont la plupart des femmes sont persuadées. Une grosse minorité (22 %) leur reproche même de toujours, toujours, toujours se défiler. En amour, où les garçons aujourd'hui ont peur de s'engager, comme dans le travail, où ils se montrent souvent faux jetons. Lâche, celui qui n'assume pas ses envies, ses sentiments ou ses responsabilités, qui n'ose pas dire oui ou qui n'ose pas dire non, qui ne fait pas les choses ou qui les fait à reculons. L'homme marié qui dit qu'il va quitter sa femme mais qui ne le fait jamais. Ou celui qui voudrait bien vous voir, mais qui est toujours en réunion quand vous l'appelez et qui ne rappelle jamais. Au bout d'un moment, vous comprenez. Les hommes sont même souvent lâches quand rien ne les y oblige : « Je te vois vendredi. – Mais non, ce n'est pas possible, tu as cette réunion avec ces gens. – Si, si, je serai là à 20 h 30. » 21 heures : toujours personne. Comme il est coincé, il n'appelle pas. Comment les décrypter ? S'il n'ose pas vous dire : « Je ne viens pas ce soir » ou prendre ses valises pour s'installer du jour au lendemain chez vous, ça ne veut pas forcément dire qu'il ne vous aime pas, ou qu'il ne vous aime plus, que vous ne pouvez pas compter sur lui. Comment savoir à quoi riment les grandes et les petites lâchetés des hommes... Sont-elles sans espoir ou, au contraire, tiendront-ils leurs promesses ou leurs engagements ? Pour ça, il faut comprendre pourquoi les hommes sont lâches. Ce n'est jamais sans raisons (bonnes ou mauvaises). Ils n'en manquent pas. Ils en ont même trop.

Ils sont moins sentimentaux

Un homme ne croit pas de la même façon qu'une femme à l'amour toujours, il a moins d'illusions sentimentales ou besoin d'alibis pour passer à l'acte. Il ne se raconte pas que c'est le grand amour de sa vie chaque fois qu'il désire une femme ou même qu'il se sent bien avec elle. Vous vous sentez bien avec un homme. Au bout d'un moment (variable), inévitablement, vous lui reprochez de ne pas s'engager plus dans la relation, de ne pas faire de projets. Lui, il ne veut pas. Il n'a pas forcément envie de vivre à deux, de se marier, d'avoir des enfants avec vous. Dans ce cas, vous pensez qu'il est lâche parce que, pour vous, l'absence d'engagement est associée automatiquement à une certaine lâcheté. Vous ne comprenez pas que, s'il ne s'engage pas, c'est que, tout simplement, il n'en a pas envie, en tout cas pas maintenant et/ou pas avec vous. Souvent, un homme préfère aussi continuer à idéaliser une femme, les sentiments ou l'amour qu'il a pour elle plutôt que se confronter aux réalités quotidiennes du couple. Même très amoureux, un homme prévoit toujours la fin de la passion. Il s'imagine, cinq ou dix ans plus tard, coincé avec une famille, des responsabilités, des problèmes. Surtout s'il est encore marié ou s'il l'a déjà été. Et puis, il n'a pas les mêmes priorités que vous. Vous pouvez centrer toute votre vie sur une relation amoureuse. Pour un homme, c'est plus rare. En général, il cloisonne : sa vie sentimentale, son couple ne sont souvent que des éléments de son puzzle personnel, et pas nécessairement les plus importants. Chez un homme, les ambitions, les passions, le job passent fréquemment en premier. Cela arrive souvent à un homme de fuir quand il a l'impression qu'une femme lui demande trop, devant une relation amoureuse qui devient trop envahissante.

Ils ne veulent pas vous perdre

On peut s'aimer, vivre ensemble, mais pas forcément être synchrones dans les désirs, les attentes, avoir les mêmes besoins, les mêmes urgences ou les mêmes priorités. Pour un homme, le reconnaître, c'est prendre le risque de vous perdre. Vous vivez avec un homme depuis deux ou trois ans, vous voulez (c'est bien légitime) un enfant. Lui, il ne veut pas, c'est trop tôt. Il vous le dit ; vous l'obligez à faire un choix : il vous quitte. Du coup, souvent un homme ne dit rien. Il évite de parler de tout ce qui pourrait poser un problème. Ou alors il reste dans le flou, il laisse croire qu'un jour peut-être il pourrait vivre avec vous, avoir un bébé... pour vous garder plus longtemps, continuer à « profiter » de vous. Assez égoïstement, il faut bien l'avouer, parce que, au fond de lui parfois, il n'en a pas vraiment l'intention ou alors, il sait bien que c'est peu probable.

Ils n'aiment pas les problèmes

Les hommes ont été éduqués, formés, pour affronter et régler des problèmes rationnels, pratiques, logiques. Dès qu'il s'agit d'affectif, ils sont toujours un peu ou très mal à l'aise, se sentent vaguement en état d'infériorité, plutôt désavantagés (plus ou moins). Ils ne savent pas vraiment faire et ils en sont conscients. Ils ont du mal à laisser parler leurs émotions, à exprimer leurs sentiments, à se dépatouiller dans leurs états d'âme ou à décrypter les vôtres. Et ils voient bien que, pour vous, c'est plus facile. Alors, un homme évite : il fait celui qui n'a pas entendu ou qui n'a pas compris. Ou alors, il rationalise : il parle bien carré pour avoir l'impression de contrôler la situation, et forcément il noie le problème. Les hommes fuient, d'ailleurs, d'autant plus lâchement, avec bonne conscience, qu'ils ont déjà des problèmes qu'ils estiment bien plus réels, professionnels, financiers, matériels, etc., à régler.

Ils ne supportent pas de vous voir malheureuse

Les larmes des filles, un homme ne sait pas trop quoi en faire. Il se sent toujours un peu coupable devant une femme qui pleure, même quand il n'y est pour rien. Cela ne colle pas avec les valeurs (sauver la veuve et l'orpheline) qu'on lui a inculquées, ni avec la bonne image qu'il veut avoir et donner de lui. Un homme, ça doit protéger en principe. Alors, il essaie de vous faire le moins de mal possible, quitte à tricher un peu ou beaucoup avec vous. Il reste dans le non-dit ou il vous ment sur de petites choses ou d'autres plus importantes. Il n'aborde pas les problèmes de fond ou les détails qu'il sait être délicats, qui peuvent vous faire de la peine. Il préfère vous faire croire à une illusion de bonheur que vous dire quelque chose qui pourrait vous rendre malheureuse. Il se ment d'ailleurs aussi à lui-même par la même occasion, parce qu'il n'a pas envie de se dire qu'il est incapable de vous consoler, voire de vous rendre complètement heureuse.

Ils encaissent mal

Beaucoup des petites lâchetés masculines viennent de là. Quand vous dites : « Chéri, tu ne crois pas que j'ai pris 3 kg ? », le chéri en question, sauf s'il est particulièrement inconscient ou sadique, ne peut pas être courageux et vous répondre : « Plutôt 6, non, à vue de nez ! » Vous le prenez très mal. Les hommes ressentent toujours les reproches (justifiés ou non) d'une manière très localisée. Ils savent plus ou moins faire la part du feu. Un homme peut se sentir bête, mais pas forcément nul, se dire qu'il a été mauvais sur ce coup-là mais penser qu'il réussira le prochain. Cela ne l'atteint pas dans son ego sauf quand on l'attaque au-dessous de la ceinture. Vous, le moindre reproche, ça vous touche profondément et, souvent, ça vous effondre. Vous ne pensez pas : « C'est à cause de ce que j'ai fait », mais « C'est à cause de ce que je suis ». Forcément, vous avez l'impression que votre féminité s'écroule, d'atteindre le niveau au-dessous de zéro de la séduction, d'être rejetée. Plus personne ne vous aime et ne vous aimera plus jamais jusqu'à la fin des temps. Peu importe que le reproche ne soit pas personnel, qu'il soit ou non justifié. C'est pour cette raison, d'ailleurs, que, dans le boulot, les hommes se montrent, en général, plutôt faibles avec les femmes. Ils laissent passer, ils supportent plus d'elles qu'ils n'accepteraient d'un autre homme.

Ils ont peur de vos réactions

Vos réactions sont souvent imprévisibles et parfois « violentes ». Un homme en face d'un autre connaît les limites, jusqu'où il peut aller. Pas avec vous. Il ne sait pas si (ou quand) vous allez piquer une crise (ça le glace), prendre vos cliques et vos claques ou vous enfermer dans la salle de bains pour pleurer. Certains hommes vivent aussi dans la hantise de l'infidélité. Pour eux, une femme a une faculté de chantage sur le couple qu'elle utilise plus ou moins inconsciemment comme moyen de pression. Dans une discussion, une confrontation, ils ont toujours ça à l'esprit, ça les rend nerveux.

Ils rêvent

L'essentiel de vos rêves passe par l'amour. Pour le reste, vous croyez à ce qui est, à des réalités icimaintenant, à des bonheurs tangibles. Un homme, vous l'évaluez, par exemple, en fonction de son pouvoir, de ses moyens effectifs. Vous le jugez (vous l'aimez ?) en fonction de ses performances et de ses résultats immédiats, en pensant à ce que cela peut vous procurer en termes de sécurité affective, matérielle, etc. Les hommes rêvent moins en amour, mais beaucoup plus dès qu'il s'agit de projets comme marcher sur la Lune, devenir président de la République ou faire une fortune de Picsou. Pour eux, le plus important, ce n'est pas ce qu'ils peuvent faire maintenant ou non, mais ce qu'ils pourraient faire. Un homme sait que, lorsqu'il veut vraiment quelque chose (ou quelqu'un), il est capable de s'en donner les moyens. N'oubliez pas qu'enfant on lui a répété presque tous les jours « sois courageux, fais un effort », sous-entendu de volonté. Rien d'étonnant si, aujourd'hui, les hommes privilégiant la volonté – c'est ce qui leur donne un peu de courage – n'aiment pas avouer leur impuissance. Forcément, ils imaginent souvent possibles des choses qui ne le sont objectivement pas. Un homme vous dit : « Si, si, je serai là à 20 heures », alors qu'il sait que c'est matériellement impossible. Il est même parfois franchement velléitaire quand il vous assure que, promis juré, il quittera sa femme et ses trois gosses pour venir s'installer dans votre petit deux pièces. Il est lâche souvent aussi en croyant, et en laissant croire, que ses difficultés avec les autres ou avec vous s'arrangeront d'elles-mêmes. C'est une forme d'orgueil un peu machiste, mais aussi une espèce de romantisme (c'est l'intention qui compte), une manière d'optimisme très masculin.

Ils sont moins cruels

Quand vous ne voulez pas (ou plus) d'un homme, vous ne vous embarrassez pas d'états d'âme. Eux si. Ils préfèrent souvent (lâchement) disparaître. Ils ne rappellent pas et vous comprenez progressivement que c'est fini. Cela vous fait mal à dose homéopathique. C'est mieux – pensent-ils – que de vous asséner très brutalement des vérités blessantes sur vos capacités de séduction, vos performances sexuelles, intellectuelles ou affectives. Surtout que, finalement, ce n'est qu'une affaire de goût, une question de point de vue. Ce qui ne convient pas (ou plus) à un homme peut très bien plaire à un autre. Socialement, on prend des gants, on montre une certaine hypocrisie. Pourquoi pas dans notre vie sentimentale ? Toutes les études sur le sujet montrent d'ailleurs que les couples qui marchent le mieux sont ceux qui gardent un minimum de socialité dans leurs relations.

Ils veulent avoir le choix

Souvent, quand les hommes sont lâches, c'est pour garder des options ouvertes, se laisser une porte de sortie ou une possibilité de « retour ». Ça permet de voir venir, de changer (éventuellement) d'avis, de décision. Dans le domaine affectif, un homme n'est jamais très certain de ses sentiments, de ses désirs ou de ses intentions. Il se pose tout le temps une foule de questions : « Elle m'aime ? », « Est-ce que c'est vraiment une femme pour moi ? », « Je suis peut-être mieux fait pour vivre seul ? », « On est trop différents, ça ne peut pas marcher »... Être lâche, ça permet de garder une marge de manœuvre. Au mieux, chez un homme, c'est un art de la nuance, une façon très politique (et stratégique) de gérer ses relations. Au pire : une forme d'opportunisme qui consiste à se servir des femmes en fonction des circonstances, de ses intérêts, de ses plaisirs, sans respect des principes ou des sentiments (les siens pas plus que les vôtres).

Ils se protègent

Fréquemment aussi, plus un homme aime, plus il est lâche. Il a peur de l'amour, peur d'y perdre son indépendance, son contrôle sur ses émotions et sa vie. Alors, il se protège comme il peut. Certains hommes deviennent parfois même infidèles pour conserver l'illusion d'une liberté, de maîtriser les événements. D'autres se contentent de faire systématiquement défaut, de se défiler (ils ne sont jamais là). Ou de noyer le poisson d'une manière ou d'une autre.

Ils ne sont pas très courageux

Le courage des hommes, c'est pour beaucoup un mythe. Vous êtes souvent déçue parce que vous les croyez plus courageux qu'ils ne le sont vraiment. Ce que vous prenez pour du courage, en fait, généralement, c'est de l'agressivité. Ils font plus de tapage, ils sont plus inconscients devant les dangers. Mais ce n'est pas vraiment du courage, c'est d'abord un problème d'hormones mâles, ensuite une affaire d'habitudes. En réalité, depuis toujours, les hommes sont courageux parce qu'ils ne peuvent pas faire autrement, contraints et forcés par leur éducation (virile), les événements (contraignants) ou le regard des autres (on a souvent cru courageux des lâches qui craignaient de fuir). Il est courageux par obligation, nécessité, matérielle ou morale. Sinon, il choisit le moyen le moins fatigant, le moins porteur de troubles, de risques. Pourquoi se compliquer la vie si on peut l'éviter ? Les hommes sont d'autant plus lâches que vous êtes indulgente, plus ou moins complice de leurs lâchetés. Les vrais lâches, vrais mous ou faux durs, ça existe aussi. Tous les hommes n'ont pas les mêmes dispositions à la fermeté devant les difficultés ou devant une femme, et beaucoup d'ailleurs seraient plus lâches s'ils en avaient le courage.

Ils croient que ça ne sert à rien d'être courageux

Les jeux de l'amour, les relations de couple obéissent à d'autres lois que celles de la guerre. « En amour, la seule victoire est dans la fuite », disait Napoléon. Montrer du courage (surtout quand on n'en a pas ou quand on en a peu), c'est bien pour chasser le mammouth, les luttes pour le pouvoir, le prestige ou l'argent. Dans ces domaines, cela peut faire la différence entre le succès ou l'échec. Tout le courage des hommes d'ailleurs souvent y passe, après il ne leur en reste plus beaucoup pour vous. Mais dès qu'il s'agit de sentiments, le courage n'est pas nécessairement la meilleure façon de réussir. Se montrer lâches ou courageux, beaucoup d'hommes n'ont jamais vu que ça changeait fondamentalement les rapports. Pour eux, ça ne se traduit pas par plus d'amour ou moins de problèmes.

Ils pensent que vous ne pouvez pas comprendre

C'est peut-être un préjugé (archaïque), peut-être aussi un constat (quotidien), mais les hommes sont ancrés dans l'idée que les femmes ne comprennent pas les hommes. Elles comprennent l'enfant qui est en l'homme, mais pas l'homme lui-même. Eux aussi avouent ne rien comprendre aux femmes, mais ils n'ont pas, ils n'ont plus depuis belle lurette cette prétention (à part quelques illuminés). Du coup, un homme ne vous parle pas vraiment, il n'explique pas, il n'y croit pas. Pire, même, il est souvent persuadé que ses problèmes, ses interrogations, ses états d'âme, ça ne vous intéresse pas vraiment, pour ne pas dire que vous vous en fichez comme de l'an quarante. Quand un homme fait preuve de lâcheté, c'est souvent le signe qu'il a quelque chose à vous dire et qu'il ne sait pas le dire. Il n'y arrive pas, alors il régresse au stade de l'enfant. Il passe d'un rapport homme-femme à un rapport enfant-mère. Tout cela pour attirer votre attention. C'est d'ailleurs pour cette raison que vous vous montrez souvent trop indulgentes devant les lâchetés masculines. La mère en vous laisse faire. Les hommes méritent (et vous méritez) mieux. Ne les « abandonnez » pas à leurs lâchetés.

Il est lâche, qu'est-ce que vous pouvez faire ?

Pas grand-chose et beaucoup. Pas grand-chose parce que la lâcheté, c'est un moyen de défense. Un homme a ça dans le sang de père en fils depuis plusieurs générations. Beaucoup parce qu'on a déjà vu des grands lâches capables de tous les courages. Inutile donc de le traiter trop souvent de lâche ou de tenter de le culpabiliser. Ça ne fera que davantage l'ancrer et le conforter dans sa lâcheté. En revanche, vous pouvez comprendre le pourquoi du comment et vous adapter. D'un côté, ça ne sert à rien de lui demander plus qu'il ne peut (ne veut ?) donner. Si vous le forcez à l'exploit, vous finirez par l'user. De l'autre, vous devez vous montrer beaucoup plus exigeante. Les « zéro courage » de naissance, c'est rare. En général, les hommes sont habitués à prendre sur eux. Il suffit de leur demander (gentiment et fermement). Donnez-lui de bonnes raisons d'être courageux. Vous n'en attendez pas moins de lui. Vous ne doutez pas un seul instant qu'il est capable de... Flattez-le. L'amour-propre donne plus de courage que l'amour. Le courage vient en osant. Au début, vous devrez sans doute lui forcer la main pour qu'il ose. Ne lui faites pas la vie trop facile. Pardonnez-lui ses faiblesses, mais montrez-lui que vous n'êtes pas dupe de ses petites lâchetés. Ne l'accablez pas quand il n'a pas le courage de dire à maman d'arrêter de débarquer sans prévenir ou de stopper la cigarette du jour au lendemain, mais n'applaudissez pas non plus à toutes les mauvaises raisons qu'il vous donne pour ne pas le faire. Vous pouvez fermer les yeux quand il n'ose pas vous dire qu'il a déjeuné avec son ex, mais vous n'êtes pas obligée de faire mine de le croire quand il vous raconte que c'était avec son vieux copain Antoine. Et surtout, ne laissez pas passer les grandes lâchetés. Quand un homme vous fait le plan « Promis, demain, je dis tout à ma femme » ou « Mais oui, on fera un bébé, l'année prochaine si tout va bien », vous pouvez lui donner trois mois, un an, pour se décider, mais, au-delà, une grande explication s'impose pour vider l'abcès et repartir (ou non) sur des bases saines. Ensuite, on l'a vu, c'est une affaire d'habitudes. Votre « grand lâche » sera tellement fier de se découvrir des courages qu'il ne s'imaginait pas qu'il y prendra goût. Et puis, il ne voudra plus vous décevoir. Bien sûr, votre patience sera souvent mise à l'épreuve (mais ne l'est-elle pas déjà ?). On ne change pas des années (des millénaires ?) de comportements du jour au lendemain. Mais, après, quel bonheur ! Surtout que le courage, c'est contagieux. Plus il sera courageux et moins vous vous sentirez lâche. Moins vous vous sentirez lâche et plus il deviendra courageux. Dans les moments difficiles, quand le doute envahit votre esprit, quand vous désespérez d'avoir de l'avenir ensemble, pensez à ce que disait Voltaire : « Les faiblesses des hommes sont les forces des femmes. »

Comment ne plus leur en vouloir ?

Grossiers, égoïstes, menteurs, sans-gêne... toutes les femmes ont, un jour ou l'autre, d'excellents motifs pour se plaindre des hommes. Sur le moment, ça les agace ou ça les rend folles de rage. Longtemps, les hommes ont abusé de leur position dominante. Aujourd'hui, ils continuent. Quand on pense aux indécrottables (des millions) qui aimeraient les femmes soumises, à la lâcheté, la bêtise masculine et aux pensions impayées, on comprend mieux que les femmes aient de bonnes raisons de leur en vouloir. Quand on comptabilise les chiffres des agressions sexuelles (5 % des femmes victimes de rapports contraints souvent dans le cadre familial), des brutalités en tout genre, on s'étonne même qu'il n'y en ait pas plus pour s'en prendre à eux, ou qu'elles puissent continuer à les aimer. En général, elles passent sur les petites vexations et les grandes humiliations, ou elles cassent parce que les limites du supportable sont franchies. La plupart du temps, quand on en veut aux hommes, on se dit : « Je ne suis pas tombée sur les bons numéros, tous les hommes ne sont pas pareils. » C'est un homme en particulier qui est visé. L'indélicat qui invite au restaurant et laisse payer l'addition (il a « oublié » ses cartes de crédit). Le petit chef qui profite de son pouvoir pour faire subir des avances (17 % des femmes avouent y avoir cédé). Le garçon qui fait une scène parce qu'on lui refuse ce qu'il attend (coucher avec lui). Ça n'empêche pas de continuer à plus ou moins bien vivre avec les hommes et avoir envie de les aimer. On ne leur garde pas de ressentiment ou de rancune durable ou alors elle est localisée à telle ou telle catégorie d'hommes qu'on évite comme la peste.

Pourquoi tant de haine ?

Pour certaines femmes, c'est différent. Ce sont les hommes en général qui sont visés. Et, *a priori*, avant même le « passage à l'acte ». On sent une rancune, une méfiance tenaces. « Quand un homme me parle, je me dis qu'il est sincère, mais que c'est juste un moment. Dès qu'il passe la porte, ça n'est plus vrai », déclare Léa, par exemple. Ce passif par rapport aux hommes est souvent expliqué par des expériences personnelles malheureuses. Celles qui en veulent aux hommes évoquent souvent un traumatisme : une trahison, une déception ou un abandon. C'est le cas de Anne par exemple : « Je lui faisais une confiance absolue. Jamais il ne me serait venu à l'idée de le fliquer et puis, un jour, j'ai découvert qu'il sautait tout ce qui bougeait depuis des années, dès que j'avais le dos tourné. Tout le monde était au courant. Ce qui m'a fait le plus mal, c'est qu'il ait pu me mentir aussi longtemps. Tout à coup, j'avais l'impression d'avoir affaire à un étranger. » Ou celui de Laurence : « Quand je l'ai rencontré, j'ai eu l'impression que c'était l'homme que j'attendais depuis des années. Il était brillant, attentionné. Il voulait manger la terre entière. J'ai mis tous mes espoirs en lui. Au début, c'était souvent dur, on recommençait tous les deux une existence en partant de zéro, mais on partageait tout. Plus tard, on a fait un enfant et il a complètement disjoncté. Il m'a laissée en plan avec le bébé et il a commencé à partir seul en vacances. Il m'a expliqué que la famille, c'était pas son truc. » Ou encore de Julie : « Je lui ai tout donné, je me serai fait brûler en enfer pour lui. J'ai tout accepté, ses infidélités, ses crises. Je m'effaçais quand il avait besoin d'être tranquille ou de liberté. Je lui tenais la main quand ça n'allait pas. J'ai tout pardonné. J'étais compréhensive même quand ses absences devenaient trop insupportables, ses propos trop méchants. Il ne m'a presque pas touchée pendant des années, je me sentais terriblement frustrée, mais je ne l'ai jamais trompé. Tout ça pour être plaquée au bout de quinze ans pour une jeunette. Je me fais l'effet d'un vieux paquet de linge sale. » Quand on creuse un peu, on s'aperçoit que, derrière ces motifs avoués, les choses sont souvent un peu plus complexes. En vouloir aux hommes, ça s'explique aussi par le « bourrage de crâne » des mères sur les filles. « Papa était souvent "en voyage d'affaires". Ma mère vivait très mal ses infidélités et se vengeait sur moi en me répétant sans cesse : les hommes, il n'y a que le cul qui les intéresse, ils sont tous pareils, on ne peut pas compter sur eux. Maintenant, j'attire toujours des infidèles ou, quand un homme m'est fidèle, comme par hasard, c'est moi qui le quitte », reconnaît par exemple Marie-Ange. Ou par l'image du père qu'on a intériorisée dans son enfance. Image parfois négative comme chez Florence : « À la maison, c'était maman qui faisait la loi, qui décidait de tout. Elle était très exigeante, très sévère avec moi. Pendant longtemps, j'en ai voulu à mon père. Il ne me défendait pas, il n'était jamais de mon côté, même quand j'avais raison, que c'était injuste. Mes premiers amants, c'étaient toujours des hommes mariés, des faibles. J'en faisais ce que je voulais. J'ai changé d'avis sur mon père, et sur les hommes, quand j'ai commencé à travailler après d'assez longues études. J'ai réalisé que mon père était une pointure dans son métier (la lutte contre le terrorisme) où on respectait son intelligence et son courage. » Une image trop positive donne aussi de bonnes raisons d'en vouloir aux hommes. « Mon père était un grand Monsieur, dit Catherine, quelqu'un d'important, d'autoritaire, un homme de principes, plutôt dur. Il nous a donné le sens des responsabilités. Ce n'est qu'après sa mort que j'ai vraiment pu dire oui à un homme. Avant, je bloquais sur le mariage, j'avais des liaisons, des histoires, mais je ne m'engageais pas vraiment. Je crois que j'en voulais à mes hommes de ne pas être tout à fait à la hauteur. J'étais souvent très agressive. Peut-être qu'inconsciemment je choisissais aussi toujours des hommes un peu faibles, qui ne pouvaient pas entrer en concurrence avec l'image de mon père. »

Comment ne plus leur en vouloir ?

Quand on en veut aux hommes, ça bloque ou ça fausse toutes les relations, qui virent souvent aux rapports de force. C'est souvent désagréable pour eux, mais toujours dommageable pour soi. On vit mal ses amours, on ne construit rien de durable. Ça vaut la peine de remettre les choses à plat et de repartir sur de nouvelles bases.

CONJUGUEZ AU SINGULIER

On se venge souvent sur une personne des humiliations ou des torts qu'une autre nous a faits. Beaucoup de reproches qu'on fait à quelqu'un, par exemple, se trompent d'adresse. Au finish, au lieu d'avoir en face de vous un homme normal avec ses défauts (et ses qualités), vous avez un « monstre » avec tous les défauts de tous les hommes. Dur à vivre, évidemment. Pour lutter contre cette tendance toute naturelle, vous devez apprendre à conjuguer au singulier, à ne plus dire (et penser) « les hommes », mais « cet homme », à chercher dans chaque homme ce qui le différencie (en bien et en mal) de tous les autres.

Prenez vos responsabilités

Partez du principe que vous êtes coresponsable de tout ce qui vous arrive. Une infidélité, par exemple, se passe toujours dans un couple avec la complicité plus ou moins tacite de l'autre. Les règles du jeu (et les enjeux) n'ont pas été clairement définies. On sent que quelque chose se passe (ou va se passer), mais on ne veut pas savoir. On ferme les yeux parce que c'est plus confortable, parce qu'on a peur de perdre l'autre, etc. Prendre sa part de responsabilité, ça vous évite de vous poser en victime. Ça vous permet de jouer un rôle actif dans votre relation, d'anticiper les événements, de prévenir les catastrophes dans votre couple.

Ne diabolisez plus

Quand on accuse l'autre de tous les maux, il y a toujours un effet boomerang. Dire à un homme « Tout est ta faute », « Tu es méchant », « Tu es un monstre », c'est penser (inconsciemment) : « C'est ma faute » ou « Je suis vraiment c... de supporter ça ».

Ça bloque très vite la communication. Chacun se renfermant sur ses positions dans des moments où, au contraire, il serait nécessaire de parler, d'échanger, si on veut se donner une seconde chance.

N'IDÉALISEZ PAS

Les hommes ne sont pas des bêtes (pas tous), ni des anges non plus. Bien sûr, quand on désire, quand on aime, on a une image valorisante de l'autre. Ce n'est pas une raison pour perdre tout sens critique. L'amour, ce n'est pas de l'idolâtrie. Quand on ignore les défauts de quelqu'un, le jour où on en prend conscience, ils nous deviennent insupportables. On brûle ceux qu'on avait adorés. On dit : « Tu m'as terriblement déçue » parce qu'on s'est déçue soi-même. Au lieu d'aimer une personne réelle, de vivre un amour réel, on a aimé une image, on a tenté de vivre une idée de l'amour.

SOYEZ PLUS EXIGEANTE

À commencer par vous-même. Quand on en veut aux hommes, c'est qu'à un moment ou l'autre de sa vie on a fait des mauvais choix. Souvent par manque de discernement, mais souvent aussi parce qu'on n'a pas tenu compte des signaux d'alerte. On s'est dit : « Il est comme ça avec les autres, mais avec moi ce sera différent » ou « Je vais le changer ». C'est comme acheter des escarpins une taille en dessous en pensant qu'ils vont se faire à votre pied. Prenez des hommes à votre pointure. C'est moins douloureux et ça ne « déforme » pas.

Soyez moins complaisante

Souvent quand on aime, quand on veut aimer, on a de coupables indulgences. On ne veut pas faire de la peine ou créer des problèmes. On laisse passer des propos, des comportements que chez d'autres on trouverait insupportables. On croit pouvoir s'en accommoder, on se trompe. À la longue, ça s'accumule et on finit par en vouloir à l'autre de les avoir acceptés. Quand quelque chose vous semble détestable, dites-le. Une bonne explication (même un peu rude) maintenant vaut toujours mieux que de mauvais reproches plus tard (souvent trop tard).

Traduisez

Un mâle modèle courant n'a pas une formidable intuition. Pour lui, une femme c'est du chinois. Il interprète mal. Alors traduisez, ça évitera beaucoup de malentendus et de rancunes. Vous avez suffisamment de bonnes raisons d'en vouloir aux hommes pour ne pas en rajouter.

Pardonnez les erreurs

C'est dur pour tout le monde. Ce n'est pas toujours facile de savoir ce qui est bien et mal. Souvent, un homme fait comme il peut. Parfois, il est blessant sans le vouloir. Quand vous en voulez aux hommes, vous êtes un peu comme une grenade dégoupillée. La moindre erreur peut devenir une faute « mortelle », donner prétexte à une poussée incontrôlée (et excessive) d'agressivité. Coupez court à ce type de dérapage. Allez exploser ailleurs. Ça évite les situations de non-retour et ça vous apprend le pardon (comme la vengeance, c'est un plat qui se mange froid).

Quand on a beaucoup encaissé, on se dit que c'est trop tard. On est trop marquée, on n'arrivera plus à faire confiance. Faux. La confiance, ça peut se réapprendre. Quand on ne fait confiance à personne, c'est qu'on projette sur tout le monde ses propres peurs et ses propres désirs. La jalousie, par exemple, est souvent une projection sur l'autre de ses propres désirs d'infidélité. Chaque fois que vous doutez d'un homme, essayez ce doute sur vous. Dites-vous que c'est de vous que vous doutez. Après quelques exercices de ce type, ça vous sera plus facile de faire (ou non, mais avec de bonnes raisons) confiance.

De quel singe descend-il ?

Moins de 2 % de différences entre son ADN et celui des grands singes, plus de 2,17 % avec celui des femmes ! Même quand il est très civilisé, votre homme a des comportements plus proches de ses petits cousins de la forêt que de vous. Mais ça dépend aussi de quelle branche il descend.

L'orang-outan

Il vit seul, souvent à un étage élevé.

Il se déplace peu, sinon pour faire ses courses.

Il râle chaque fois que vous lui demandez de vous rendre un petit service.

Il ne vous propose jamais ou rarement de sortir et vous devez le « tirer » pour l'emmener à une fête ou à un dîner chez des amis.

C'est un calme, mais il ne faut quand même pas trop l'embêter, il a besoin qu'on lui fiche la paix.

Il est plutôt bourru en société (parle peu, dit à peine bonjour, merci, etc.).

Son plus

Parfaitement autonome, peu envahissant, il vous laisse mener votre vie sans faire d'interférences. Avec lui, pas de risque que ça dégénère, en cas de conflit, il décroche et se réfugie dans ses pensées.

Son moins

Il ne recherche pas le contact. Il a peu de besoins sociaux, c'est plutôt un ermite, et peu d'appétence sexuelle : il se laisse faire en grognant plus ou moins, mais il prend rarement l'initiative d'un câlin.

À rechercher si...

Vous êtes très indépendante, ou que votre carrière passe avant tout, car vous pouvez être sûre de le retrouver le soir là où vous l'avez laissé le matin.

À éviter si...

Vous êtes très RP, par goût ou nécessité professionnelle, ou vous avez une demande affective forte et un besoin de contacts physiques (sexe, câlins, petits gestes tendres...) très prononcé.

Le gorille

C'est le rejeton d'une famille nombreuse très soudée.

Il adore les grandes réunions familiales.

Il est très agréable à vivre au quotidien (vous dit toujours bonjour, s'il te plaît, merci, même après plusieurs années...).

C'est un bon vivant ; il est toujours partant pour se faire une bouffe à deux ou entre amis.

Il se laisse facilement envahir (c'est rare quand vous êtes seulement tous les deux).

Son plus

Très paisible et sociable, c'est une crème de primate. Il prend soin des gens qu'il aime (les nourrit, les protège...) et il a un sens très fort de l'engagement (par exemple, continue à assumer son rôle de père en cas de séparation ou de divorce).

Son moins

Son indolence sexuelle, il préfère plus souvent faire la sieste ou une bonne bouffe, on ne peut pas dire qu'il soit très empressé et vous devez toujours insister pour qu'il daigne réagir à vos avances.

À rechercher si...

Vous voulez du fort, du solide, du stable, vous donnez la priorité à la vie de famille, à la convivialité entre amis, vous avez des besoins d'intimité faibles à titre personnel ou en tant que couple.

À ÉVITER SI…

Vous détestez être envahie, vivre en groupe, vous avez besoin de tranquillité, de solitude (seule ou en couple), vous êtes plus une cérébrale qu'une sociable ou vous avez un travail très prenant.

Le chimpanzé

Il vit beaucoup avec ses potes (c'est sacré, pas question de les critiquer).

Il se dispute pour un oui ou pour un non.

Il n'est pas partageur (déteste qu'on pique dans son assiette, prêter sa voiture, sa brosse à dents, etc.).

Il a souvent des embrouilles (il s'est déjà bastonné plusieurs fois).

C'est un routinier ; il fréquente toujours les mêmes endroits (bars, restaus, cinés, etc.).

Il est très individualiste (il vous laisse généralement vous débrouiller avec vos problèmes).

SON PLUS

Très indépendant, il n'est pas collant, il passe d'ailleurs le plus gros de son temps libre avec ses petits camarades. Vous pouvez avoir une vie à côté, avec vos copines, voire d'autres chimpanzés, sans qu'il vous embête.

SON MOINS

Il est très égoïste. Plus ou moins incapable d'une relation individuelle suivie, il a du mal à s'engager et, même quand il le fait, la priorité, c'est d'abord lui : son travail, ses plaisirs, etc.

À RECHERCHER SI...

Pour vous, le couple, c'est d'abord un partenariat où chacun garde sa liberté de manœuvre. Et si vous n'avez pas spécialement besoin de communiquer dans l'affectif : il est assez handicapé pour parler sentiments.

À ÉVITER SI...

Vous êtes fusionnelle, dépendante, vous avez besoin d'être prise en charge, d'un homme qui s'occupe d'abord de vous, préfère rester à la maison le soir, le week-end que partir en virée avec ses potes.

Le gibbon

Ses parents sont ou étaient unis comme les deux doigts de la main.

Il vous fait tout le temps des câlins (pas seulement avant ou après l'amour).

Il ne vous quitte jamais sauf contraint et forcé (pour aller bosser, etc.).

Il s'est mis en couple très tôt (dès l'adolescence ou le début de l'âge adulte).

Il est très propre et très discret (ne la ramène pas, n'élève pas la voix, ne crie presque jamais, etc.).

Il s'occupe beaucoup et plutôt bien des petits, il aime les changer, les nourrir, les sortir...

Son plus

Son sens des responsabilités. Avec lui le couple, c'est du sûr, quand il trouve son âme sœur, il ne la quitte pas. Et vous montre tous les jours combien il est heureux de vous avoir trouvée (est très attentionné, ne regarde pas les autres gibbonnes).

Son moins

Ce n'est pas un marrant. Il n'a pas le sens de la fête, d'ailleurs il est plutôt très casanier et plutôt plan-plan. Sorties, vacances, sexe…, il fait rarement preuve de beaucoup d'imagination.

À rechercher si…

Vous voulez former un petit couple sans histoires, à développement durable, lié à vie pour le meilleur et pour le pire avec un « nouveau père » qui prend sa part des contraintes de l'élevage.

À éviter si…

Vous êtes une fêtarde, vous n'avez pas envie de vous sentir coincée en couple, vous avez besoin de changements dans votre vie, de faire des expériences, de stimulations fortes.

Le babouin

Vous avez déjà eu peur (plusieurs fois) qu'il ne devienne violent avec vous (surtout quand il avait bu un verre de trop).

Dès qu'un autre homme vous regarde, il montre les dents (et vous accuse souvent de l'avoir provoqué).

Quand il parle d'un concurrent au bureau, il dit : « Je vais le tuer ! »

Il ne peut pas s'empêcher d'insulter les autres conducteurs quand il conduit.

Il est très susceptible pour tout (vous ne pouvez pas lui faire le moindre reproche, la plus petite critique).

Ça ne lui plaît pas que vous travailliez, il préférerait vous garder enfermée.

SON PLUS

Il est très courageux (limite de la témérité), on peut compter sur lui pour défendre femme et enfants (ce sont ses biens, sa propriété) en cas d'agression extérieure.

SON MOINS

C'est un macho ultraviolent qui règne par l'intimidation, la menace, voire les coups. Hyper jaloux, très tyrannique, avec lui, la vie de couple peut rapidement devenir un enfer.

À RECHERCHER SI...

Vous êtes plutôt une femme soumise, sans désirs ou ambitions personnels, si vous trouvez normal de « rester à votre place », dire oui à tout, jouer les esclaves domestiques et sexuelles à la demande.

À ÉVITER SI...

Vous êtes une femme normale, construite, indépendante, socialement active, vous rêvez d'une relation à peu près égalitaire, vous détestez les conflits, la violence, le tout passionnel.

Le bonobo

Il a tout le temps envie de vous, plusieurs fois par jour, même quand vous avez 40 °C de fièvre et le nez qui coule.

Vous n'arrivez jamais à vous disputer avec lui.

Il n'est pas très jaloux, mais pas d'une fidélité sans (de nombreuses) failles non plus.

Il pense que tous les problèmes, les siens comme ceux des autres, peuvent se régler au lit.

Il vous laisse prendre la plupart des décisions, les petites comme les grandes.

Vous lui reprochez souvent de ne pas se montrer suffisamment agressif (pour s'affirmer, faire valoir ses droits…).

Son plus

Il est particulièrement sympa, compréhensif, coulant. Dénué d'agressivité, de jalousie, avec lui vous pouvez faire ce que vous voulez, comme vous voulez, ça ne fait jamais de drame.

Son moins

C'est un « nymphomane ». Le sexe, c'est son seul mode de communication, avec vous comme avec les autres. Bref, il n'y a pas plus infidèle d'autant plus qu'il n'est pas très sélectif.

À RECHERCHER SI…

Vous êtes plutôt une femelle dominante, avec des envies de copuler non-stop, et suffisamment occupée ou complaisante pour fermer les yeux sur ses nombreux écarts de conduite.

À ÉVITER SI…

Vous n'êtes pas sexuellement compulsive, vous avez besoin de parler, de débattre, pas seulement de corps-à-corps. Et si vous êtes plutôt exclusive et paranoïaque quand vous pensez MST.

Intelligent ou viril, il faut choisir !
Chez nos amis les bêtes, les mâles les plus virils ont souvent un cerveau minuscule. C'est la révélation d'une étude menée par une équipe de chercheurs dirigée par le biologiste Scott Pitnick, à l'université de Syracuse. Plus les femelles d'une espèce sont volages, plus les mâles sont dotés de gros testicules et plus ils ont de petits cerveaux (1,9 % de leur poids). En revanche, quand les femelles sont fidèles, les mâles sont moins pourvus du bas, mais plus du haut (2,6 % de leur poids). Par exemple, les chimpanzés, grands vagabonds sexuels, ont des testicules bien plus gros que ceux des gorilles, chez qui le mâle dominant est seul à avoir accès à un harem de femelles. Explication de Pitnick : « Si les femelles s'accouplent avec plus d'un mâle, les mâles entrent en compétition : c'est à qui produira le plus de sperme. Le mâle qui éjacule le plus de spermatozoïdes a plus de chances de féconder la femelle et c'est pourquoi il développe des testicules disproportion-

nés et manque donc d'énergie pour développer davantage son cerveau. »

A-t-il le « gène » de l'amour ?

Le cerveau humain serait programmé pour la fidélité et l'amour. Nous sommes tous faits pour la stabilité affective. Tous ? Non, une poignée d'irréductibles résiste !

Après avoir longtemps évoqué l'infidélité comme stratégie génétique (mise en compétition des spermes par la femme, nécessité de féconder un maximum de femelles chez le mâle), la phylogénétique change de discours. Elle nous parle de plus en plus de « gène de la fidélité », de la « confiance » ou de l'« amour ». Les neurobiologistes appuient l'argument : notre organisation cérébrale serait conditionnée pour l'amour, car la stabilité affective améliore la protection des petits, et donc la reproduction de l'espèce. En réalité, les deux arguments ne sont pas incompatibles. Nous devons faire des expériences sexuelles pour sélectionner le meilleur partenaire, mais ensuite nous en tenir au partenaire choisi. Au moment de l'accouplement, notre cerveau sécrète d'ailleurs une hormone (l'ocytocine) qui crée l'attachement, le désir de revenir vers ce partenaire-ci et non vers un autre. Cette hormone est, à l'état naturel, beaucoup plus abondante dans le cerveau des femelles que dans celui des mâles. Cela expliquerait que les mâles (les hommes) sont, dans la grande majorité des espèces, nettement plus agressifs et les femelles plus douces. En revanche, les mâles produisent de grandes quantités d'hormone « tendresse » pendant l'orgasme. Ce qui, en principe, les stabilise dans le couple. Éthologues, psychologues, sociologues font le même constat : la plupart des hommes sont programmés pour l'amour !

1. Il a été élevé avec la présence de son père.

OUI	NON

Les anthropologues Patricia Draper et Henry Harpending ont montré que les garçons élevés en absence de père avaient tendance, entre autres choses, à être moins stables affectivement, plus friands de liaisons amoureuses passagères.

2. Après l'amour, il se montre très tendre (ne s'endort pas comme une souche) et vous demande si vous n'avez pas faim ou soif.

OUI	NON

Tous les mâles produisent de grandes quantités d'ocytocine, d'hormone « tendresse », pendant l'orgasme. Ils adoptent automatiquement des comportements protecteurs et nourriciers envers les femelles.

3. Il fait attention à sa santé, ne prend pas de risques inutiles (abus de drogue, d'alcool, vitesse excessive, etc.).

OUI	NON

Ça veut dire qu'il veut durer en couple. Une enquête de l'Insee montre qu'entre 30 et 64 ans, les hommes ont des risques de décès réduits de 40 % (25 % pour les femmes) quand ils vivent en couple.

4. Il fait spontanément confiance aux autres et se montre en général plutôt gentil et attentionné avec les gens.

OUI	NON

Des chercheurs de l'université de Zurich (étude publiée en juin 2005 dans la revue scientifique Nature*) montrent que l'ocytocine est aussi à la base du lien de confiance interindividuelle et de l'amabilité.*

5. Il est capable de se lever la nuit pour donner un biberon, de changer une couche sans faire la grimace.

OUI	NON

Selon Robert Trivers, un biologiste américain, les mâles les plus doués pour l'amour sont ceux qui ont un IPM (investissement parental mâle) très élevé, comme par exemple les gibbons et certains hommes.

6. Il a des rapports amicaux avec les autres hommes (embrasse ses amis quand il les rencontre, etc.).

OUI	NON

Margo Wilson et Martin Daly, deux psychologues canadiens (université McMasters à Hamilton, Canada), ont montré que l'amour pacifiait les hommes. Un célibataire âgé de 24 à 35 ans a, par exemple, trois fois plus de chances de tuer un autre mâle qu'un homme marié.

7. Il est capable de raconter en détail comment vous vous êtes rencontrés.

OUI	NON

Buehlman, Gottman et Katz, trois psychologues de l'université de Washington, ont montré que les maris aimants (ceux qui ne filent pas avec la baby-sitter) sont ceux qui sont capables de parler de leur couple et de leur union.

8. Quand vous n'êtes pas d'accord tous les deux, il cherche toujours à trouver un compromis, il ne décide pas d'une manière unilatérale.

OUI	NON

Dans son ouvrage devenu un classique, L'Évolution de la coopération, *Robert Axelrod, professeur de sciences politiques à l'université du Michigan, montre qu'une bonne stratégie de coopération s'établit sur le mode donnant-donnant (au lieu de dominant-dominé).*

9. Son père biologique n'est pas particulièrement bel homme, ni coureur de jupons.

OUI	NON

Deux psychologues américains, Gangestad et Simpson, ont avancé l'hypothèse du « fils sexy » : certaines femmes choisissent inconsciemment des hommes qu'elles n'auront aucune chance de garder (beaux, intelligents, musclés, infidèles), dans l'espoir que leur fils sera comme leur père.

10. Il ne passe pas tout son temps avec d'autres mâles (en traînant le soir au bureau, en sortant « entre hommes »...).

OUI	NON

Toutes les études effectuées sur les primates (n'oublions pas que l'homme et le singe possèdent un patrimoine génétique commun : 1,6 % de différence seulement contre 5 % entre homme et femme), montrent que les singes les plus « aimants » sont ceux qui traînent le moins avec leurs petits camarades.

11. Il s'est intéressé à vous, sans qu'il y ait rivalité avec un autre homme (fiancé, mari ou ami intime...).

OUI	NON

C'est ce que Freud appelle la condition du « tiers lésé ». Un homme qui choisit comme objet d'amour une femme qui n'est pas libre (qui la prend à un autre homme) a besoin ensuite d'être jaloux pour être aimant et finit toujours par la négliger dès qu'elle n'intéresse plus personne.

12. Il n'est pas écologiste.

OUI	NON

Un sondage SOFRES montre que les écologistes ont beaucoup plus de fantasmes sexuels que le reste de la population et sont plus enclins à faire des expériences.

Si vous avez coché au moins dix fois OUI, pas de souci à vous faire, cet homme est fait pour l'amour !

L'homme idéal : celui qui n'embrasse pas du même côté que vous

Les couples mixtes (ceux qui n'embrassent pas du même côté spontanément) se mettent instinctivement d'accord. C'est ce qu'a mis en évidence Onur Güntürkün, spécialiste de la latéralisation chez les oiseaux à l'université de physiologie de Bochum en Allemagne. Étudiant les baisers sur la joue entre personnes âgées de 13 à 70 ans, dans des aéroports, des gares, sur des plages ou des parkings, en Allemagne, aux États-Unis et en Turquie, il a montré que, dans les deux tiers des cas (64,5 %), c'est vers la droite que l'on se tourne lorsqu'on embrasse quelqu'un. Cette asymétrie remonterait aux premiers stades de la vie. Au cours de la dernière semaine de gestation et pendant les six premiers mois de la vie, le fœtus, puis le bébé, tourne plus souvent la tête vers la droite que vers la gauche. Du coup, quand on n'embrasse pas du même côté, on fait un « gros effort » pour s'adapter l'un à l'autre. Après, c'est plus simple de se mettre d'accord pour choisir les vacances quand il y en a un qui est « mer » et l'autre « montagne ».

Savez-vous aimer ?

Pour les psys, il y a trois composants dans l'amour : de la passion (mélange de désir sexuel et d'une forme adulte d'attachement du bébé pour sa maman), de la tendresse (désir du bien de l'autre) et de l'engagement (désir de partager l'avenir de l'autre). Comment ça se mélange, c'est comment on aime.

Pourquoi l'amour rend bête ?
Chute de la pression sanguine dans le cerveau, libération d'adrénaline dans le sang : votre cœur bat plus vite, 90 pulsations à la minute au lieu de 72 normalement, votre tension artérielle grimpe, votre respiration s'accélère, vos pupilles se dilatent, vos mains deviennent moites, vous devenez idiote... Pas de doute : vous êtes amoureuse. Votre cerveau fabrique des tonnes d'endorphines, un opioïde qui nous rend euphorique : une vraie drogue qui modifie complètement notre perception de la réalité. Dans cet état, qui peut durer de trois jours à quelques semaines, le plus banal hareng-pommes à l'huile passe pour la neuvième merveille du monde. Sur ce petit nuage doré, vous êtes prête à tout croire, tout imaginer, tout signer. Des psychiatres de l'université de Pise (Italie) ont d'ailleurs découvert d'étranges similitudes biologiques et émotionnelles entre les amoureux et les TOC (troubles obsessionnels compulsifs) ! Les uns comme les autres sécrètent moins de sérotonine et ont des comportements obsessifs, par exemple, parler de l'être aimé pendant des heures ou se laver les mains 200 fois par jour. Selon le Dr Hagop Akiskal, ce comportement obsessionnel en amour serait une loi de l'évolution : sans une intense émotion, personne de sensé ne tomberait amoureux ni ne ferait des enfants.

Êtes-vous mère, fille, sœur ou... femme ?

Cochez dans chaque catégorie...

Catégorie A

- ❒ Quand vous avez envie de sexe, vous appelez un ex.
- ❒ Vous détestez quand d'autres femmes tournent autour de votre homme.
- ❒ Quand vous sortez le soir, vous portez toujours des dessous très sexy.
- ❒ Vous avez déjà menacé un homme de lui faire la peau (ou de vous suicider) s'il vous quittait.
- ❒ Quand vous aimez un homme, vous trouvez son odeur très excitante.
- ❒ Vous aimeriez bien être hypnotisée.
- ❒ Vous aimeriez bien avoir un job où on voyage beaucoup.
- ❒ Vous vous comparez souvent aux autres, surtout à ceux qui ont plus que vous (beauté, richesses, pouvoir...).
- ❒ Vous n'êtes jamais contre une bonne petite polémique, même si ça risque de déraper.
- ❒ Ça vous ennuie de voir toujours les mêmes têtes.
- ❒ Vous aimez bien les trucs qui font peur (montagnes russes, saut à l'élastique...), la vitesse (en voiture, sur des skis...).
- ❒ Vous êtes excitée par les scènes érotiques dans les films.
- ❒ Vous vous énervez rapidement quand vous devez rester chez vous.
- ❒ Dans les dîners en ville, les soirées, vous aimez bien faire un peu de provoc (par exemple, en vous habillant très sexy, en faisant ou en disant des choses incongrues, etc.).

- ❐ Vous pensez qu'il est préférable d'avoir fait de nombreuses expériences sexuelles avant le mariage.
- ❐ Vous n'êtes pas une consommatrice très fidèle ; vous changez souvent de marques (parfums, vêtements, cosmétiques, etc.), de boutiques, de restaurants.
- ❐ Vous aimez bien les fêtes un peu folles où on peut vraiment se lâcher.

Catégorie B

- ❐ Votre compagnon, vous l'appelez souvent « mon bébé » (ou « mon poussin »), même si ça l'énerve.
- ❐ Vous aimez bien être aux petits soins pour un homme, le dorloter (vous le soignez bien quand il est malade).
- ❐ Amoureuse, vous êtes très indulgente (vous lui passez ses défauts, vous lui pardonnez facilement, etc.).
- ❐ Dans la journée, vous aimez bien téléphoner à votre compagnon juste pour lui montrer que vous pensez à lui.
- ❐ Après une dispute, vous vous réconciliez facilement (vous n'en voulez pas à l'autre pendant des heures ou des jours).
- ❐ Vous préférez regarder des films dramatiques plutôt que des émissions de variétés.
- ❐ Vous vous attendrissez facilement sur le sort des autres.
- ❐ Vous vivez avec un animal ou vous aimeriez bien avoir un chien ou un chat.
- ❐ Vous savez vous y prendre avec les enfants, même quand ce ne sont pas les vôtres.

- ❒ Vous souriez beaucoup sur les photos de vos 20 ans.
- ❒ Souvent, avant de vous endormir, vous imaginez des scénarios, des rencontres, des dialogues.
- ❒ Vous faites toujours votre maximum pour que les autres aient une bonne opinion de vous.
- ❒ Vous vivez assez proche de votre famille (grands-parents, parents, enfants, oncle, cousins...) pour lui rendre visite facilement.
- ❒ Quand vous avez besoin d'aide ou de soutien, vous trouvez toujours facilement quelqu'un.
- ❒ Vous êtes plutôt consensuelle ; tout le monde vous aime.
- ❒ Quand quelqu'un pleure, vous trouvez facilement les mots, les gestes pour consoler.
- ❒ Quand vous êtes cafardeuse, vous appelez une copine, vous sortez (au lieu de vous isoler).

CATÉGORIE C

- ❒ Vous pensez que le fait d'être du même milieu social est un atout pour réussir sa vie de couple.
- ❒ Vous pensez que, lorsqu'on aime vraiment quelqu'un, on a envie d'avoir des enfants avec lui (même si on sait que ce n'est pas possible).
- ❒ Vous n'imaginez pas aimer un homme sans vivre avec lui.
- ❒ Vous aimez vous endormir et vous réveiller tous les jours dans les bras du même homme.
- ❒ Vous êtes strictement monogame.
- ❒ Vous allez fréquemment à l'église (ou au temple, à la synagogue, à la mosquée).

- ❒ Vous avez besoin de vous sentir utile aux autres et vous faites beaucoup pour ça dans votre vie privée comme au bureau.
- ❒ Quand vous avez un problème avec quelqu'un, vous « ruminez » longtemps (ou vous attendez que les choses se tassent d'elles-mêmes). Vous rompez difficilement.
- ❒ Quand vous vous projetez dans 2-3 ans, vous avez une idée assez précise de la vie que vous mènerez.
- ❒ Vous êtes plutôt ponctuelle : rarement en retard à vos rendez-vous, pas de mal à tenir les délais, etc.
- ❒ Vous pensez que c'est toujours mieux de laisser passer au moins une nuit (qui porte conseil) avant de prendre une décision.
- ❒ Vous achetez rarement des choses dont vous n'avez pas besoin ou que vous n'avez pas les moyens de vous offrir.
- ❒ Vous n'avez jamais conduit beaucoup trop vite ou sous l'influence d'une drogue ou de l'alcool.
- ❒ Beaucoup de vos ex sont devenus des amis.
- ❒ Législatives, présidentielles... La plupart du temps, vous ne manquez pas d'aller déposer votre bulletin dans l'urne.
- ❒ Vous tenez la plupart du temps vos promesses (vous en faites rarement à la légère).
- ❒ « Deux cœurs, une chaumière », vous trouvez qu'il n'y a pas mieux comme projet.

Vous avez obtenu une...

MAJORITÉ DE A ET DE B

Passion + Tendresse + Engagement –
La mère/Dominante

Psychologie : obsessive sadique

Autonome, plutôt égocentrique, vous ne laissez personne décider pour vous et vous montrez d'une manière souvent excessive que vous vous suffisez à vous-même. Vos exigences (désir tyrannique d'être aimée, de garder le contrôle, la maîtrise des événements) font fuir certains hommes (les plus forts), en attirent d'autres, les plus masos. Vous fonctionnez presque toujours à la menace (parfois doucereuse) ou à l'ultimatum (« C'est à prendre ou à laisser », « Si ce n'est pas avec toi, ce sera avec un autre »).

Savoir aimer : mal

Oh, bien sûr, vous êtes fervente (votre lit est toujours ouvert), bienveillante avec vos amants ou votre compagnon (vous voulez toujours ce qu'il y a de mieux pour eux), mais, dans vos bras ou dans votre vie, un homme n'a pas vraiment son mot à dire : il file doux (« Si tu m'aimes, prends garde à toi »), il passe par toutes vos exigences ou alors il éjecte. En couple, vous faites souvent preuve d'une jalousie quasi paranoïaque.

En négatif : la prédatrice affectueuse

Directe (vous faites les avances), impulsive (quand vous avez envie, c'est tout de suite), vous avez la séduction plutôt « harponneuse ». Vous pouvez vous montrer très passionnée, très tendre, mais vous avez du mal à faire confiance, à dépendre des autres. Du coup, vous vous impliquez rarement, vous êtes plus ouverte que les autres à des expériences sexuelles et des rencontres sans lendemain.

Type d'homme : un fils

Au fond un grand dadais (vous voyez plutôt les hommes comme ça) qui, sans vous, ne serait rien (vous le lui faites bien sentir). Vous le formez à la mesure de vos exigences (élevées), mais vous lui demandez aussi souvent trop. Échouant à vous satisfaire (ça n'est jamais assez quoi qu'il fasse), vous pouvez l'accabler avec bonne conscience de reproches (plus ou moins silencieux).

Majorité de A et de C

Passion + Tendresse – Engagement +
La fille/Dominée

Psychologie : dépendante hystérique

Attirante, séduisante, vous vous pliez avec une infinie souplesse à tous les fantasmes, voire à tous les désirs masculins. Vous pouvez jouer tous les rôles : victime ou princesse, ingénue ou perverse, madone ou « pute ». Excessive (vous tombez tout le temps amoureuse, vous téléphonez cinq fois par jour trois jours après une rencontre, vous bêtifiez...), on vous reproche aussi souvent d'être trop sexe et trop collante.

Savoir aimer : trop

Confondant souvent désir et amour, vous passez forcément toujours par des extrêmes. Vous idéalisez à l'excès (votre vie sentimentale, un homme...) ou vous descendez en flammes. Vous angoissez (« personne ne m'aime ») ou alors c'est l'extase (« il est raide dingue de moi »). Et vous avez souvent beaucoup de mal pour vous stabiliser en couple.

En négatif : la dinde éprise

Quand vous aimez un homme, vous montrez une patience d'ange. Vous buvez ses paroles comme si elles étaient divines. Vous applaudissez à chaque battement de son cœur. Vous fermez les yeux sur tous ses péchés, les petits et les grands. Vous pouvez fondre en larmes pour une simple remarque (« Il n'était pas un peu trop cuit le rôti, chérie ? »), vous répandre à ses pieds pour un reproche. Vous êtes prête à toutes les concessions (à la limite de la complaisance ou de la bassesse) pour le garder.

Type d'homme : un père, un héros

Un homme ressenti comme plus puissant (pour être « absorbée »), qui vous adopte (pour vivre dans et par son désir) et, surtout, qui ne vous quitte jamais (votre plus grande peur). Un papa-gâteau (pour vous prendre en charge sur les plans affectif, pratique, fric...) et gâteux (de vous), qui assure (vous voulez toujours plus : plus de plaisirs, plus de câlins, de sorties, de restaus, de vacances, de cadeaux...).

MAJORITÉ DE B ET DE C

Passion – Tendresse + Engagement +
La sœur/Indifférente

Psychologie : narcissique évitante

Vous en faites souvent un peu trop dans la séduction (« Regarde comme je suis belle ») pour capter l'attention, faire craquer (et pour vous rassurer, vous prouver une féminité dont vous doutez inconsciemment). Mais, dans le même temps, vous désamorcez systématiquement (par honte de votre corps, négation de votre féminité) les confrontations sexuelles (rencontres placées sur les plans intellectuel, amical, business, rapports de couple désérotisés).

Savoir aimer : pas assez

Fidèle (vous êtes plutôt monogame), bienveillante (le quotidien est plutôt agréable avec vous), vous êtes néanmoins trop indépendante (symptômes : vous dites toujours « je », rarement « tu » et quasiment jamais « nous ») pour vous soucier vraiment du bien de l'autre. Vous êtes tolérante dans le couple (vous pouvez même fermer les yeux sur les incartades de l'autre), mais davantage par indifférence.

En négatif : la compagne apathique

Vous êtes réactive, jamais proactive. Avec les hommes en général : vous ne prenez jamais l'initiative de la séduction. Et votre homme en particulier : vous vous laissez faire (plutôt passive), mais vous n'êtes jamais dans la demande sexuelle (résultat : il va souvent se faire désirer ailleurs). Chez vous, le désir et la tendresse sont souvent d'ailleurs déconnectés.

Type d'homme : un frère, ami ou rival

Un père pour vos enfants avant d'être un amant. Il vous attache, mais ne vous met pas en cage : mène sa vie et vous laisse libre de mener la vôtre comme vous avez envie. Ou il vous fait la guerre : vous boucle dans un rôle de mère, de femme au foyer, vous isole de l'extérieur (famille, amis, travail).

A, B et C à peu près à égalité

Passion + Tendresse + Engagement +
La femme/Équilibrée

Psychologie : confiante ouverte

Chez vous, le désir ne va pas sans la tendresse, l'amour sans la vie à deux (et la reproduction). Vous nouez assez facilement des relations. Vous n'avez peur ni de dépendre des autres ni de voir les autres dépendre de vous. Vous n'êtes ni du genre à coucher avec le premier venu parce que vous êtes en manque (d'affection, de sexe...) ni à vous défiler chaque fois que vous voyez poindre la possibilité d'une île à deux.

Savoir aimer : bien

Vous avez votre petite personnalité bien à vous, mais en même temps, vous êtes capable de vous mettre à la place de l'autre, d'être attentive (et soucieuse) de ses besoins (sexuels, affectifs, matériels...). Vous savez dire « nous » et pas seulement « je » ou « tu ». D'ailleurs, avec vous, un homme devient toujours encore plus séduisant, intelligent, drôle et... prospère.

En négatif : la célibataire heureuse

Peu névrosée, de nombreux atouts (séduisante, diplômée, un bon job), pas en manque (même sans homme, votre vie est plutôt pleine, réussie), vous avez forcément un certain degré d'exigence. Hélas, les hommes bien pas en main, c'est rare. Statistiquement, vous avez peu de chances de trouver.

Type d'homme : un vrai

Celui qui vous tient la porte, sort les poubelles (et le chien) et ne mate pas les seins des autres filles (même quand elles les lui collent sous le nez). À la fois un amant (constant et fidèle pour les cinquante prochaines années), un conjoint (au nom de la loi et de l'amour, pour le meilleur et pour le pire) et un père attentionné, présent (pour les enfants que vous aurez ensemble).

La passion dure moins d'un an

On savait que cette bonne vieille passion, qui nous met le cœur à l'envers, était éphémère, mais on ignorait encore par quel mécanisme biochimique. Une équipe de chercheurs italiens de l'université de Pavie, dirigée par le Dr Enzo Emanuele, a enfin déniché Cupidon. À l'échelle cellulaire, c'est le NGF (Nerve Growth Factor), une des protéines indispensables au bon fonctionnement du système nerveux. En étudiant trois groupes d'hommes et femmes de 18 à 31 ans, les uns célibataires, les autres engagés dans une relation récente et les derniers en couple depuis un certain temps, ils ont en effet constaté que les taux sanguins de NGF étaient bien plus élevés chez les amoureux transis que chez les personnes seules ou en couple depuis au moins un an. Bref, une fois que le taux de NGF revient à la normale, vient le temps de l'amour raisonnable et sincère, celui qui mène tout droit au mariage ou… à la rupture.

***La Force des émotions*, François Lelord et Christophe André, Éd. Odile Jacob.**

Lui faire peur, mais pas trop

Vous accrochez dans un dîner, une soirée, vous lui donnez votre téléphone, deux jours, trois jours, une semaine… Il ne vous appelle pas. Vous sortez ensemble, une fois, deux fois, trois fois, visiblement vous lui plaisez, il vous raccompagne et… il vous plante devant votre porte. Vous passez une nuit, un week-end avec lui, vous l'appelez pour lui dire que vous avez passé un bon moment… Il ne vous rappelle plus et il n'a plus le temps quand vous lui téléphonez pour aller au ciné… Il vous accueille avec votre brosse à dents (ou plus), vous passez tous les trois quelques semaines, quelques mois ensemble… Un matin au petit déjeuner, il vous annonce qu'il n'est plus sûr de ses sentiments, qu'il a besoin de réfléchir, de prendre du recul. Vous comprenez que, pour votre brosse à dents et vous, la fête est finie.

Qu'est-ce qui fait fuir un homme ? Ça arrive quand…

Chaque fois qu'un homme ne veut pas ou ne veut plus de vous, vous pouvez réagir maso, vous dire que vous devez être moche, nulle. Ou alors lui en vouloir… Pourquoi ne pas voir les choses plus simplement ? Peut-être lui avez-vous fait peur ? Bien sûr, un homme a toujours besoin d'avoir un peu peur. Quand vous êtes trop docile, vous lui rendez la vie trop facile, il a aisément tendance à vous prendre pour sa chose (nos vieux instincts de propriétaire). Si vous êtes trop patiente, trop indulgente, si vous fermez tout le temps les yeux sur tous ses défauts (on en a plein), ses manies de vieux garçon, ou ses mauvaises manières, il se croit vite tout permis. En revanche, un homme qui vous sait plus exigeante sur la qualité de la relation et parfaitement capable de vous assumer seule redoute toujours de vous perdre. Il se dit : « Elle est libre, indépendante, elle peut me lâcher à tout moment » et, comme il tient à vous, il fait des efforts. Au fond, c'est comme un enfant. Quand vous lui passez tout, ses chaussettes sales qui traînent dans le salon ou ses plans drague avec la boulangère, il pousse toujours un peu plus loin avec vous pour voir jusqu'où il peut aller en toute impunité. Et il finit par faire des bêtises. Au contraire, faites-lui sentir de temps en temps le vent du boulet, il est moins enclin à franchir la ligne rouge. Il continue de vous désirer comme un fou, même après les 317 jours et 16 heures fatidiques (durée statistique de la passion). Cinq ou dix ans plus tard, il est toujours aussi attentionné qu'au début. À l'inverse, un homme qui a trop peur fuit. Il fuit tout de suite, avant de se retrouver coincé dans une relation compliquée, ou plusieurs semaines, plusieurs mois, et même plusieurs années plus tard, quand il n'en peut plus (de se sentir coincé). Qu'est-ce qui fait fuir un homme ? Cela arrive souvent quand...

Vous êtes trop envahissante

Votre style de séduction : l'invasion sournoise. Toute une série de manœuvres d'encerclement destinées à le faire tomber dans vos pièges souvent charmants. Parfois, c'est très inconscient chez vous. Vous vous insinuez dans son lit ou dans sa vie sans y penser. Il vous plaît : vous n'imaginez pas que cela ne soit pas réciproque. Qu'il peut vous trouver sympathique, agréable, sans pour autant avoir envie de coucher avec vous (ou avoir envie de coucher avec vous sans pour autant en faire une habitude). Bien sûr, vous ne le harcelez pas de coups de fil, vous ne débarquez pas avec vos valises du jour au lendemain, mais vous vous rendez petit à petit indispensable. Vous prenez (régulièrement) de ses nouvelles, vous l'invitez (fréquemment) sous des prétextes divers, pour voir votre bronzage (intégral) ou le dernier Woody Allen. Vous êtes volontaire pour lui redécorer son appart. Vous organisez des rencontres avec des gens qui peuvent lui être socialement ou professionnellement utiles. Vous copinez avec ses amis pour être invitée dans les mêmes dîners. Vous vous inscrivez « par hasard » dans son club de sport. Vous êtes toujours là quand il a besoin de vous. Tout pour devenir incontournable. Le problème : une fois dans la place, vous le marquez à la culotte comme on dit au foot. Il ne peut plus aller faire pipi sans que vous demandiez : « Où tu vas ? » Plus moyen de respirer, d'avoir une vie privée, des souvenirs ou des pensées rien qu'à lui. Vous voulez tout savoir sur son enfance, sa famille, ses potes, son job, ses ex... Il ne peut plus bouger sans vous avoir sur le dos.

Vous êtes trop tyrannique

Dans vos bras ou dans votre vie, un homme doit filer doux, passer par toutes vos exigences, faire tous vos caprices. Vous fonctionnez presque toujours à la menace (parfois mielleuse) ou à l'ultimatum. Avec vous, il faut dire oui à tout, être toujours d'accord sur tout, aussi bien pour les films, les restaurants, les vacances, que sur la meilleure méthode pour faire cuire les nouilles ou pour élever les enfants. Sinon, vous sortez vos griffes. Hyper susceptible (vous avez en général peu le sens de l'humour), vous prenez la moindre de ses réflexions, le plus petit reproche comme une attaque personnelle. Et vos contre-attaques sont cinglantes. Rancunière, refusant tout compromis, coupant court à toute tentative de conciliation, vous vous montrez souvent violente. La plupart du temps, vous vous contentez de jouer les ayatollahs des cuisines. Ce sont seulement les verres et les assiettes qui trinquent, mais vous êtes parfois à la limite des coups et blessures.

Vous êtes trop impulsive

Avec vous, un homme ne sait jamais à quoi s'attendre. Si, dans un dîner, vous n'allez pas jeter votre verre de vin à la figure de votre vis-à-vis, parce qu'il a eu le malheur de mettre en doute (courtoisement) vos derniers chiffres sur le chômage, ou filer sans finir votre canard à l'orange, parce que la maîtresse de maison vous dit qu'elle a vu la même robe que vous portez chez Tati. Si, quand il sort avec vous, vous n'allez pas le lâcher pour rentrer avec un autre. Il ne sait jamais si vous allez faire un scandale à son assistant(e), parce qu'il/elle ne vous a pas reconnue au téléphone, vous extasier sur un banal hareng-pommes à l'huile ou lui faire une scène au restau parce que le plat du jour, c'est du lapin. Quand vous lui dites : « Mon chéri, je crois que j'ai fait une bêtise », il frémit. C'est quoi cette fois ?

Une facture à quatre chiffres sur son portable, la voiture qui a fini une fois de plus à la fourrière parce que, comme d'habitude, vous vous êtes garée sur un passage piéton ou un huissier qui vient tout saisir parce que vous n'avez pas réglé vos excès de vitesse depuis la dernière amnistie présidentielle. Avec vous, c'est trop d'insécurité : tout peut tout le temps arriver.

Vous êtes trop flambeuse

Vous n'êtes pas forcément vénale, mais vous donnez l'impression à un homme que vous mesurez son intérêt, son amour, au fric qu'il claque pour vous. Qu'il ait des moyens ou pas vraiment, vous faites toujours exploser son budget. Au restau, vous choisissez systématiquement les plats les plus chers, même si vous n'en raffolez pas. Chaque fois qu'il vous emmène en week-end ou en vacances, ça lui coûte une petite fortune. Ne parlons pas de la tournée des boutiques où vous l'entraînez tous les samedis après-midi. En soi, c'est déjà un calvaire. Mais quand on s'imagine en plus crucifié par son banquier avec sa carte bleue scotchée sur la croix, ça fait froid dans le dos. Avec vous, un homme passe son temps à courir après l'argent pour boucher les trous et vit en permanence dans la hantise de la faillite personnelle.

Vous êtes trop indépendante

Vous dites toujours « je », rarement « tu » et jamais « nous ». Prendre un appartement, partir en vacances, faire des bébés ou aller au ciné, vous faites toujours vos plans, vos projets, toute seule. Vous faites ce que vous voulez quand vous voulez, comme vous en avez envie. Avec vous, un homme ne peut jamais décider de rien. Vous lui dites souvent : « C'est comme ça », sous-entendu : c'est à prendre ou à laisser. Et quand vous lui demandez son avis, c'est vraiment de pure forme : de toute façon, vous ferez ce que vous voulez. Évidemment, pas question de vous demander si votre journée s'est bien passée. Pour vous, cela frise l'inquisition. Ou de faire une remarque, même très anodine, quand vous annoncez que vous allez dîner avec un ex. Forcément, son vieux fond protecteur – les hommes ont tous besoin de se sentir indispensables – en prend un coup. Il se dit : « Elle n'a pas besoin de moi, à n'importe quel moment elle peut se barrer. »

Vous avez tout connu

Vous avez 20 ans, 30 ans ou 40 ans, mais vous avez déjà trop vécu. Vous avez tout vu, tout connu. Pas moyen de vous initier à des plaisirs nouveaux, de vous faire découvrir une boîte, un restau, une ville ou un pays. Tout ça, pour vous, a toujours une odeur de réchauffé, sent son *come-back*. Désastreux pour un orgueil de mâle. Un homme fait tout pour vous surprendre et il tombe souvent de haut. Vous avez déjà presque tout fait avec quelqu'un d'autre. Et vous manquez rarement de le lui rappeler. Il vous emmène à Venise, vous ne résistez pas : vous lui montrez l'hôtel où vous avez fait des galipettes avec votre ex. Forcément, au bout d'un moment, il se dit : « Je suis quoi, moi, le numéro 18 ou 37 dans sa série ? »

Vous êtes trop imprévisible

Pourtant, les hommes s'y attendent. Ils savent bien que les femmes le sont. Mais vous arrivez toujours à le surprendre. Genre : « Bon, je ne rentre pas, j'ai rencontré quelqu'un, je vais dîner... » Plus de nouvelles avant midi le lendemain : « Ah oui, je t'ai pas dit, en sortant du restau, on est tombés sur des copains, on a fini la nuit en boîte... » Un électron libre : quand il sait où vous êtes, il ne sait pas où vous allez et quand il sait où vous allez, il ne sait pas où vous êtes. Insécurisant pour un homme. Il n'est jamais sûr de rien. Ni de vous retrouver quand il rentre. Ni de vous revoir quand vous partez faire trois courses au Monop. Il ne peut rien prévoir, rien organiser à l'avance.

Vous êtes trop dépendante

Vous ne pouvez rien faire toute seule. Vous avez besoin qu'il vous tienne la main pour prendre vos rendez-vous chez le gynéco, remplir vos feuilles d'impôts. Vous vous évanouissez à moitié quand il oublie de vous nourrir dans la journée. Vous appelez six fois de suite au bureau pour savoir si vous devez mettre des chaussures ou... des chaussures : « Qu'est-ce qui est mieux avec mon ensemble noir, mes Todds ou mes Céline, tu sais, celles avec les grands talons, ouvertes sur le côté ? Remarque, je pourrais mettre ma petite robe jaune aussi, qu'est-ce que tu en penses ? » Pour un homme, cela devient un deuxième boulot à plein temps. En plus, il doit jongler avec tous les rôles : père, psy, banquier, homme à tout faire...

Vous êtes trop occupée

Votre vie est trop pleine. Vous avez une grande famille, des amis de trente ans (souvent des ex-amants), qui vous appellent ou que vous appelez tous les jours. Vous avez un boulot prenant pour lequel vous ne comptez pas vos soirées. Vous avez des passions, le piano, le ski, la planche à voile, le coiffeur-manucure, la danse qui vous prennent le reste de votre temps. Et parfois des enfants. Vous êtes rarement disponible pour un moment tranquille et, quand votre journée est finie, vous vous endormez parce que tout ça, forcément, c'est épuisant. Dissuasif, frustrant pour un homme. Il se sent comme une roue de charrette (la dernière), une pièce rapportée (celle qu'on n'arrive jamais à placer dans un puzzle).

Vous n'êtes jamais contente

Les hommes, vous êtes tellement sûre de les aimer que vous voulez ce qui se fait de mieux. Sensible, intelligent, drôle, responsable, sérieux, beau, attentionné... On frémit quand vous dressez le tableau de vos exigences. On se dit : tant de qualités réunies dans un seul, vous ne trouverez pas. C'est ne pas compter avec votre côté mama-coach. Vous vous faites fort de prendre un homme (avec des bases quand même) et de le former à la mesure de votre idéal. Quand vous l'attrapez, vous avez tendance à le « casser » en mettant la barre toujours un peu plus haut. Vous demandez trop. Il a beau faire, quels que soient ses talents, ses efforts, il n'arrive jamais à être à la hauteur. Échouant à vous satisfaire (ça n'est jamais assez, vous voulez toujours plus), il en prend évidemment plein la tête. Vous l'accablez de reproches (sous-entendus ou non). Vous l'accusez de mauvaise volonté. S'il n'arrive pas (à vous faire grimper au septième ciel ou dans la tranche supérieure des impôts), c'est qu'il ne vous aime pas. Vous lui faites supporter votre déception (constante) et vos soupçons (vous êtes terriblement jalouse). À la longue, vos revendications permanentes finissent par le décourager.

Vous le culpabilisez trop

Apparemment, les hommes, vous adorez. Vous êtes prête à tout leur pardonner. Il n'y a pas plus compréhensive, plus dévouée, plus tolérante que vous. Jamais vous ne voulez leur faire de la peine ou leur créer des problèmes. Vous êtes d'accord sur tout, même, et surtout, quand vous pensez qu'ils ont tort. Quand vous aimez un homme, vous montrez une patience d'ange. Vous buvez ses paroles comme si elles étaient divines. Vous applaudissez à chaque battement de son cœur. Vous fermez les yeux sur tous ses péchés, les petits et les grands. Vous pouvez fondre en larmes pour une simple remarque (« Tu n'aurais pas oublié le sel, chérie ? »), vous répandre à ses pieds pour un reproche. Au début, c'est flatteur. Ça conforte un homme dans son ego (toujours un peu machiste). Comment ne pas craquer devant tant de bienveillance, mais... À la longue, vos airs douloureux (vous voulez tellement bien faire), vos mines désolées (vous regrettez de ne pas y arriver), vos pleurs (vous ne voulez pas le perdre) finissent par culpabiliser grave. Un homme se dit : « Elle ne mérite pas ça, je suis un vrai salaud. » Et il se voit comme une espèce de monstre d'égoïsme affreusement mal à l'aise dans sa peau.

Vous êtes trop possessive

Vous avez parfois un *background* affectif un peu pesant : des parents manquants ou franchement indifférents, une enfance un peu trop solitaire, une pénurie de câlins à la base. Vous avez parfois vécu un, ou des gros échecs sentimentaux, souvent été déçue dans vos attentes. Résultat : aujourd'hui, vous êtes fréquemment en porte-à-faux dans vos relations avec un homme. Vous n'êtes jamais sûre d'être vraiment aimée ou de pouvoir l'être à nouveau bientôt. Vous vivez seule et vous le ressentez plutôt mal. Ou vous vivez en couple, mais c'est loin d'être idyllique. Le problème, c'est que vous êtes dans un cercle vicieux. Plus vous êtes en manque d'amour, plus vous êtes dans la demande. Les hommes le sentent et cela leur fait peur. Vous en branchez un, il se défile. Vous faites lave-linge à deux, ça ne se passe jamais bien. Les relations sont tendues, insécurisantes ; vous vous sentez toujours plus ou moins frustrée, vous avez tout le temps peur qu'il vous abandonne. Du coup, vous devenez très possessive.

Vous êtes trop obsédée

La première fois où il vous a vue débarquer avec une tenue hypersexy, il a aimé. Il s'est dit : « Tout ça pour moi ! » Ensuite, quand il réalise que votre Wonderbra, c'est un appât pour tout le monde, il aime moins. Surtout quand il sort avec vous. C'est flatteur d'avoir à son bras une femme qui attire les regards tant qu'elle n'attire que les regards. Trop provocante sexuellement, ça crée toujours des problèmes avec les autres hommes. Et puis, il a honte quand, dans les dîners en ville, vous racontez des blagues qui feraient rougir un régiment. En plus, évidemment, vous avez tout le temps envie. Au début, c'est excitant pour sa virilité, mais au bout de deux ou trois semaines de sexe à haute dose, il craque. Il songe à tous les autres hommes que vous avez connus avant. Il voit bien que, lorsque vous êtes en manque sexuellement, vous êtes mal, donc vous avez dû beaucoup consommer. Il pense aussi à tous ceux que vous connaîtrez après lui. Il se doute bien que, s'il vous laisse seule une semaine parce qu'il ne peut pas faire autrement, vous le sacrifierez sans scrupule à vos pulsions hormonales.

Finalement, les hommes ont toujours trop peur (même s'ils ne fuient pas, ils ne sont jamais vraiment très rassurés) quand vous êtes excessive. Trop belle, trop intelligente, trop indépendante, trop sexe. Ou trop agressive, trop imprévisible, trop envahissante, trop… Sans doute parce qu'ils ne sont pas très courageux. Cela dit, pas de panique si vous vous reconnaissez un peu ou beaucoup dans ces portraits. Vous pouvez changer. Bien sûr, c'est inutile d'essayer de vous faire passer pour un agneau ou un cadeau. Vous ne serez jamais complètement crédible dans un rôle de fille docile ou très équilibrée. En revanche, vous pouvez désangoisser beaucoup en expliquant (gentiment) votre manière de fonctionner à deux. Un homme a toujours un peu moins peur quand il croit savoir à quoi s'attendre…

Vies à deux

Quel couple est en vous ?

Comment fonctionnent les couples aujourd'hui ? Plus sur le mode du « Nous » ou celui du « Je » ? Sont-ils repliés sur eux-mêmes ou ouverts sur le monde qui les entoure ? Comment se partagent les rôles et le pouvoir entre hommes et femmes ? De manière enfin égalitaire ou encore très traditionnelle ? En se fondant sur les résultats d'une vaste enquête menée pendant deux ans auprès de 1 500 couples (habitant ensemble depuis au moins un an), une équipe de sociologues suisses a identifié cinq styles de relations de couple. Chacun est associé à des données objectives (parcours individuel, niveau socio-économique, participation sociale...) et génère des niveaux de problèmes et de satisfaction très différents. Bref, on n'a pas le couple qu'on veut, mais celui qu'on peut. Plus on est mal loti socialement et financièrement (jeune, caissière, manœuvre...), plus le couple est fermé, traditionnel et consensuel. Pas question de prendre des risques, par exemple en bouleversant les rôles, car le mariage est l'une des rares sources de réalisation possibles. En revanche, dans leur recherche du bonheur à deux, les couples aisés sont plus ouverts, égalitaires et conflictuels. Ils se séparent plus souvent, mais démontrent aussi un dynamisme, une créativité que n'ont pas tous les autres.

Le style Bastion

Valeurs dominantes : solidarité, stabilité et sécurité

Le couple insiste sur son unité plutôt que sur la singularité de ses membres et privilégie le consensus pour tenter d'éviter les conflits ouverts. Il rassemble d'ailleurs souvent des gens qui se ressemblent : mêmes goûts, même métier, mêmes hobbies... Les rôles de chacun (sexuels, économiques, domestiques...) y sont clairement différenciés et répartis d'une manière assez traditionnelle (« Papa est en bas, il coupe du bois, maman est en haut, elle fait des gâteaux »). C'est un couple assez fermé vis-à-vis des contacts extérieurs, considérés comme un danger. Pas dans les mieux lotis économiquement.

Le style Cocon

Valeurs dominantes : confort, intimisme

Le plus fusionnel car il est complètement fermé au monde extérieur. Son principal objectif : construire son nid et le protéger autant que possible des contraintes (professionnelles, économiques, familiales...).

Chacun, d'ailleurs, s'intéresse ou non à la vie extérieure de l'autre (son travail, sa famille, etc.). À l'intérieur de cette bulle, les territoires et les rythmes sont bien définis et accentuent le sentiment de sécurité. Proche du style Bastion, le couple Cocon a une conception plus égalitaire des rôles (sexuels, économiques...) et du pouvoir. De nombreux jeunes couples appartiennent à ce type.

Le style Association

Valeurs dominantes : échange, négociation et communication

Le plus individualiste et ouvert sur le monde extérieur. Il rejette la répartition des rôles traditionnels masculin-féminin pour privilégier des relations construites sur l'autonomie et la liberté de chacun. Au fond, le couple n'est qu'un moyen parmi d'autres de se réaliser individuellement : il est davantage fondé sur des intérêts communs que sur un réel désir de partage. C'est celui, avec le couple Parallèle, dans lequel la conjugalité va le moins de soi. Il répugne aux routines, et les problèmes relationnels, les disputes, les séparations y sont bien supérieurs à la moyenne. De nombreux couples aisés appartiennent à ce type.

Le style Compagnonnage

Valeurs dominantes : communauté, solidarité, intégration sociale

Fusionnel comme dans les styles Bastion et Cocon, mais très ouvert sur le monde. Les échanges avec l'extérieur sont perçus comme une condition indispensable de bon fonctionnement et le moyen de se ressourcer. C'est le plus souple en matière d'organisation conjugale : volonté affirmée d'égalité, partage des responsabilités et des tâches équitable, refus de la routine, dialogue… Et le plus sûr semble-t-il : il totalise le plus faible taux de conflits et de séparations. De nombreux couples des classes moyennes appartiennent à cette catégorie.

Le style Parallèle

Valeurs dominantes : ordre et sécurité

Aussi peu fusionnel que le couple Association, mais, à la différence de celui-ci, plus fermé au monde extérieur et extrêmement routinier dans son mode de vie. Les rôles (sexuels, économiques, domestiques…) y sont très différenciés et particulièrement hiérarchisés. L'unité du couple est bâtie sur la complémentarité plutôt que sur une communauté des esprits ou des cœurs. Les conjoints, le plus souvent, ne partagent pas les mêmes activités ni les mêmes goûts. Les conflits, fréquents comme dans le couple Association, sont, en revanche, plus vécus comme un symptôme de crise conjugale, un facteur de risque.

Quand ça va mal !

Environ 50 % des conjoints constatent une sérieuse difficulté de l'un d'entre eux à s'adapter au rôle parental.

Près de 40 % des couples interrogés se disent confrontés à deux problèmes relationnels graves ou plus.
Dans plus de 30 % des couples, l'un des conjoints au moins pense ou a pensé sérieusement à la séparation.
Dans 30 % des couples, les disputes sont jugées graves ou fréquentes.
Dans 25 % des couples, l'un des conjoints au moins éprouve des symptômes de mal-être psychologique tels que fatigue, tristesse, inquiétude, angoisse, nervosité.

***Couples contemporains – Cohésion, régulation et conflits. Une enquête sociologique*. Widmer Eric, Jean Kellerhals & René Levy, avec la collaboration de Michèle Ernst Stähli et Raphaël Hammer, Seismo, Zurich, 2003.**

Comment on s'attache (ou pas) ?

Pourquoi est-ce difficile parfois de rompre, de vivre seul(e), ou au contraire de s'engager vraiment dans un couple à développement durable ? Ne cherchez plus. C'est parce qu'on s'attache, ou qu'on se détache, dans le même style de relation que nous avons expérimenté dans notre petite enfance avec nos parents. C'est ce qu'ont montré deux psychologues américains, Hazan et Shaver[1], qui, au terme de leur étude, ont défini trois types d'attachement :

---

1. Hazan et Shaver, « Romantic Love Conceptualized as an Attachement Process », *Journal of Personality and Social Psychology*, 1987, University of Denver.

L'attachement « anxieux » (19 % des gens)

Les personnes dans ce cas vivent de nombreux coups de foudre, recherchent des relations fusionnelles, se montrent jalouses et génèrent beaucoup de conflits dans leur couple. Craignant l'abandon, elles se montrent possessives et finissent plus souvent que les autres par se faire piquer leur partenaire.

Durée moyenne des relations : six ans.

L'attachement « sécurisé » (56 % des gens)

Les personnes qui manifestent ce type d'attachement nouent assez facilement des relations. Elles n'ont pas peur de dépendre des autres ou de voir les autres dépendre d'elles. Elles envisagent leur relation sur le long terme. Leur credo de couple : harmonie et stabilité.

Durée moyenne des relations : dix ans.

L'attachement « évitant » (19 % des gens)

Les personnes portées à ce type d'attachement sont mal à l'aise avec l'intimité, ont du mal à faire confiance, à dépendre des autres. Elles s'impliquent peu dans leurs relations, sont plus ouvertes que les autres à des expériences sexuelles et des rencontres sans lendemain.

Durée moyenne des relations : cinq ans.

Célibataire, c'est héréditaire ?

Vous êtes une célibataire endurcie, ou vous avez du mal à conserver une relation plus de quelques mois ? Et si c'était la faute de vos parents ? Non pas à cause de l'éducation ou de l'exemple qu'ils vous ont donné, mais des gènes qu'ils vous ont transmis. C'est en tout cas la conclusion de psychologues néerlandais et américains. Pour en arriver à ce résultat, ils ont étudié la vie affective de plus de 8 000 vrais et faux jumeaux. Et ils ont montré que 50 % des vrais jumeaux célibataires avaient leur frère ou sœur qui était seul(e), alors que cela n'était vrai que chez 25 % des faux jumeaux.

Votre relation de couple est-elle égalitaire ?

Pas sûr !

Les rôles traditionnels sont ancrés si profondément qu'il ne suffit pas de vouloir pour pouvoir. C'est ce que montre une récente recherche qui a étudié trois types de couples.

Les couples post-traditionnels (20 % des couples)

Rejetant consciemment les rôles traditionnels, ils s'efforcent de partager également les responsabilités et le pouvoir dans tous les aspects de la vie familiale. Ils développent au besoin de nouvelles compétences (pour élargir ou changer leur rôle) et ils portent une attention mutuelle à la relation et aux tâches familiales.

Dans ce genre de couple, les conjoints mettent en place des processus d'autorégulation visant à s'assurer qu'ils font bien leur part de ce qui a été négocié, car les désirs et les attentes d'égalité sont souvent contrariés par les automatismes de comportement.

Les couples traditionnels à leur propre insu (67,27 %)

Ils parlent de leur relation avec un langage égalitaire, utilisant des termes comme « 50-50 », « respect mutuel », « équipe » et « donnant-donnant », mais, dans les faits, ils vivent conformément aux rôles traditionnels : les femmes se décrivent, et sont décrites par leurs maris, comme étant plus « en harmonie » avec les besoins de la famille (ex. « Je sais qu'elle sait comment s'occuper d'un bébé ») ou de la maison (ce sont elles et pas eux qui s'organisent pour y passer plus de temps et y faire plus de choses).

Les couples traditionnels (12,72 %)

Ils organisent consciemment leur famille selon les rôles traditionnels car ils considèrent que ces rôles correspondent à la nature différente des hommes et des femmes. Les partenaires disent qu'ils connaissent leurs rôles et que peu de discussions sont nécessaires. Les femmes disent être confiantes dans le fait que leurs maris n'utiliseront pas leur pouvoir pour leurs seuls intérêts individuels. Les conflits potentiels sont réduits en se référant à une autorité extérieure à la famille pour les décisions (les normes, la nature ou Dieu).

Organiser la dépendance

Isabelle jette un regard de haine pure à la chose qui la nargue en silence depuis plusieurs heures. Des images de meurtre lui passent par la tête, allumant des brouillards rouges de rage. Elle l'imagine se liquéfier dans son micro-ondes, tétaniser par son congélateur ou, plus brutal, exploser sous les chocs d'un marteau de gros calibre. Mais la chose n'a pas de souci à se faire. Isabelle ne peut pas la tuer, elle a trop besoin d'elle. La chose, un honorable téléphone modèle courant, continue à observer un silence tranquille.

Saisie par l'inutilité de son agressivité – après tout, la chose n'y est pour rien, et puis on réfléchit à deux fois avant de détruire son téléphone –, Isabelle se traite mentalement d'idiote en se disant que, demain, elle reprendra ses activités habituelles : « S'il appelle, parfait ; s'il n'appelle pas, parfait aussi. Je ne vais pas passer ma vie suspendue au téléphone uniquement parce qu'un monsieur un peu trop séduisant m'a dit une fois qu'il m'appellerait. »

Tout a commencé la veille chez les Belloy : dîner (les coudes au corps, il y avait foule), soirée (charmante après trois coupes de champagne) et départ. On a gardé votre main un peu plus longtemps qu'on n'aurait dû et on vous a dit : « Je vous appelle », en vous regardant droit dans les yeux. Le lendemain, vous avez pensé : « Il ne m'appellera pas pour le dîner, il est trop bien élevé, mais peut-être pour me proposer de prendre un verre. » À partir de ce moment-là, ça a été l'engrenage dans votre tête : « S'il m'appelle vers 19 heures, je risque de ne pas être rentrée. » Donc, vous filez en douce à 17 heures. Mais avec les embouteillages et si on appelle plus tôt, vous allez le rater, etc. Finalement, vous dites que vous êtes malade et vous prenez votre après-midi. Vous rentrez chez vous et vous attendez derrière votre téléphone sans oser prendre une douche, ni passer l'aspirateur (trop bruyant) ou un coup de fil (vous n'avez pas le R2 sur votre ligne). Ce soir-là, vous avez cru devenir folle. C'est terrible les idées qui vous passent par la tête quand vous attendez. Vous imaginez que vous êtes moche, inintéressante, que vous avez eu des propos stupides et que nous avons autre chose à faire qu'à rappeler une moche-stupide. Ou que, rien qu'à cette soirée, nous avons dû prendre plusieurs numéros. Ou que vous nous avez donné un mauvais numéro – un acte manqué –, ou pire, qu'on l'a mal recopié – un autre acte manqué –, ou que vous en avez fait trop ou pas assez. Quand la crise est terminée, vous réalisez que vous avez vécu 35 ans sans nous, plutôt agréablement, en grande fille indépendante, et que, pour quelques mots, un regard, une vague promesse, vous vous retrouvez réduite à l'état de femelle soumise à un homme que vous ne connaissez ni d'Ève ni d'Adam.

La dépendance, nous sommes tous passés par là un jour ou l'autre. Elle n'épargne personne, ni les hommes ni les femmes. On a tous connu les attentes dans un état mi-hystérique, mi-comateux, le manque insupportable de l'autre, la peur d'être abandonné, l'impossibilité de continuer d'exister seul. Chez les hommes, le phénomène est plus rare, car ils ont moins tendance à centrer toute leur vie sur une femme. Mais chez eux, ce phénomène reste souvent plus inconscient. Le jour où un homme se rend compte qu'il est dépendant, il est souvent effondré : David a dormi trois mois par terre dans le couloir quand Lola l'a quitté, parce qu'il ne supportait pas de vivre dans les pièces où ils s'étaient aimés. Marc a fait une dépression pendant un an quand sa femme l'a quitté après douze ans de mariage. Incapable d'accepter la rupture, de reconstruire une vie affective, il a aussi perdu son job parce qu'il n'arrivait plus à faire face. Pierre a tenté de se suicider quand sa femme est partie. Il n'arrivait pas à imaginer une vie sans elle, à penser qu'elle puisse un jour être heureuse dans les bras d'un autre homme, à admettre que sa petite fille soit élevée, câlinée par un autre que lui.

À la différence des hommes, la plupart des femmes considèrent la dépendance comme allant de soi avec l'amour. « Quand tu es amoureuse, dit Salomé, tu es forcément dépendante. L'amour crée la dépendance. C'est comme une drogue, une dépendance physique. Tu as besoin de la personne. » Bien sûr, certaines sont plus vulnérables que d'autres, prédisposées au manque. Si vous êtes du genre « affamée d'amour », forcément, vous avez tendance à rechercher la surprotection chez un homme et vous recréez chaque fois automatiquement des rapports de dépendance. Mais, même si vous êtes forte, très autonome, très indépendante, vous pouvez craquer un jour, vous retrouver pieds et poings liés à un homme.

Imprévisible, la dépendance peut se déclencher, comme chez Isabelle, à propos d'un inconnu ou s'installer durablement dans un couple et faire des ravages. Encore plus si elle n'est pas uniquement psychologique, mais aussi économique, ou si vous partagez la même histoire, les mêmes habitudes, depuis longtemps. Plus ou moins inévitable, plus ou moins grave, la dépendance n'est cependant pas une fatalité. Vous pouvez lutter contre. C'est bête à dire, mais le plus sûr moyen pour ne pas souffrir de la dépendance d'un homme ou pour en souffrir moins, c'est d'être indépendante et de le rester, ou, en tout cas, de faire comme si. Pour cela, vous devez respecter autant que possible quelques règles de base.

Soyez autonome ou devenez-le

La dépendance psychologique s'appuie toujours sur une dépendance matérielle. Cela vient de la petite enfance. Initialement, nous avons tous été dépendants, de nos parents d'abord, des adultes en général. Le petit enfant sait intuitivement qu'il a besoin de sa mère pour satisfaire ses besoins fondamentaux : nourriture, confort, sécurité. Les gens les plus dépendants sont d'ailleurs toujours ceux qui ont été brutalement sevrés, qui ont subi dans leur enfance trop de frustrations, à cause du manque de soins ou de l'absence de l'un ou des deux parents. L'inverse, trop de satisfactions, une enfance surprotégée, rend également dépendant. L'enfant n'est pas armé pour supporter les frustrations, les difficultés du monde réel. Dans les deux cas, le désir de dépendance est un désir régressif.

Être dépendant, c'est rechercher, vouloir revenir à l'état de satisfaction initial, avant la frustration. Du coup, à l'âge adulte, tout ce qui contribue à une dépendance matérielle, le fait, par exemple, de ne pas être indépendant économiquement, de ne pas avoir de permis de conduire, etc., entraîne nécessairement une dépendance psychologique. L'idéal, c'est donc de garder dans tous les cas de figure une indépendance économique. On ne quitte pas un job pour aller vivre aux crochets d'un homme à l'autre bout du monde. Ou si on arrête de travailler, pour faire un enfant par exemple, on s'organise pour que ce soit provisoire.

Respectez les territoires

Nos grands-mères disaient jadis qu'un petit chez-soi vaut mieux qu'un très grand chez les autres. Et cela reste vrai, surtout en cas de rencontre, petite ou grande. On ne rend pas les clefs de son studio tant qu'on ne sait pas si c'est pour quelques nuits ou pour la vie, et, en règle générale, on réfléchit à deux fois avant d'aller s'installer chez l'autre. Cela n'a l'air de rien, ces histoires de territoire, mais c'est capital. On ne refait pas ses marques à la légère sur un coup de passion, même avec beaucoup de bonne volonté de part et d'autre. Il y a en chacun de nous quelque chose d'animal (sédentaire) qui se refuse à des changements trop brutaux de territoire. Dans ces cas-là, il y en a toujours un pour se sentir envahi (la puissance invitante), l'autre pour se sentir déplacé, un peu perdu, hors cadre. L'idéal, quand on décide de vivre ensemble, c'est de chercher et de prendre un nouvel appartement pour construire sur des bases neuves. C'est souvent pratiquement plus commode d'aller vivre chez l'un ou chez l'autre, mais, à terme, on s'en mord toujours les doigts.

Ne rompez pas avec vos soutiens habituels

Dans la vie, nous avons tous, ou presque, des soutiens. Des gens qui nous connaissent depuis longtemps, parents, ami(e)s d'enfance, etc., avec qui l'on a des relations de confiance et de respect mutuels. Avec eux, on a partagé des épreuves et des joies. Ils nous acceptent tels que l'on est, nous comprennent et nous aident quand c'est nécessaire. Ces relations sont précieuses pour notre équilibre émotionnel, affectif, mental. On ne les rompt pas sous prétexte que, lorsqu'on aime, plus rien n'existe au monde et que Benoît est trop exclusif, jaloux de vos meilleures copines, ou plus bêtement un ours mal léché, voire agoraphobe. Il faut éviter de s'isoler et garder quand on vit à deux des relations personnelles, éviter que tout passe par le couple. Et tant pis si Benoît prend mal les choses quand vous vous faites une toile avec une copine ou un déjeuner avec votre ex.

Continuez à prendre vos propres décisions

Bien sûr, quand on vit ensemble, on doit prendre des décisions en commun : où habiter, quel genre de vie mener, faire des enfants ou pas, comment les élever, etc. Mais ce n'est pas une raison pour abdiquer toute personnalité, demander à un homme son avis chaque matin avant de s'habiller, ou le laisser commander pour vous au restaurant. Être soi – ce qui fait d'ailleurs qu'un homme vous a choisie (ou que vous l'avez choisi) –, c'est d'abord une multitude de décisions *a priori* pas très importantes. Ne plus les prendre, ne pas pouvoir se passer de l'approbation de l'autre, c'est ne plus s'appartenir. Le piège, c'est évidemment qu'on veut plaire, qu'on est prêt pour cela à devenir conforme à l'image que l'autre se fait de nous. C'est vrai pour un homme, mais encore plus pour une femme, surtout si elle est très narcissique. Les personnalités narcissiques sont souvent les plus dépendantes. Dans une relation, on gagne toujours plus à rester soi-même, quitte à déplaire. Une vraie relation s'accommode de ces désaccords sans importance, des problèmes d'esthétique ou d'opinion. Alors, inutile de changer de garde-robe ou d'idées, sauf si elles sont trop en loques.

Continuez à faire des choses seule

Si vous avez un hobby, gardez-le. On n'arrête pas de faire du ski ou du saut en parachute sous prétexte que Jacques fait des otites au-dessus de 1 200 m d'altitude. On n'interrompt pas un journal intime ou une passion pour la peinture parce que Guillaume trouve que ça fait ado attardé ou qu'il ne supporte pas les odeurs de térébenthine. Quand Jacques, Guillaume vous auront plaquée pour une pianiste ou une lanceuse de poids, qu'est-ce qui vous restera ? On ne sacrifie pas ses passions, surtout quand elles sont talentueuses, à l'homme (ou la femme) de sa vie. D'ailleurs, quelqu'un qui vous aime ne vous demande jamais une chose pareille : il vous veut intacte.

Faites la part du feu

Aujourd'hui, une relation, à moins d'un miracle, c'est rarement pour la vie. Et une relation est d'autant plus durable (c'est statistique) qu'on ne vit pas dans la crainte qu'elle finisse. Si vous pensez tous les jours à une rupture possible, finalement elle viendra à l'idée de l'autre, elle s'imposera à lui, même s'il n'y avait jamais pensé. Dans un couple, on accepte souvent des choses inacceptables pour soi parce qu'on a peur d'une rupture. On ferme les yeux sur les faiblesses de l'autre, ses mensonges, voire ses infidélités, parce qu'on a peur de le perdre. On cède pour éviter les conflits, la casse. Toutes ces complaisances, les petites et les grandes, alimentent la dépendance. Une vraie relation supporte pourtant les disputes ; elle dure en surmontant les crises. Là aussi, vous devez être vous-même, poser vos limites entre l'acceptable et l'inacceptable, les indiquer clairement à l'autre et vous y tenir.

Organisez votre dépendance

Parfois, on ne peut pas faire autrement. On est dépendant, et on le sait (ça vaut mieux). Qu'est-ce qu'on peut faire quand on a une personnalité réellement dépendante, à part consulter un psy ? Après tout, pourquoi ne pas vivre dans l'ombre de l'autre et se laisser prendre complètement en charge ? On connaît tous des femmes-enfants (ou des hommes-gamins) qui coulent des jours tranquilles sous une autorité bienveillante. Alors, pourquoi pas ? C'est possible, mais à deux conditions. D'abord, être sûre que vous êtes vraiment dépendante et vous accepter comme telle. Pas question d'avoir des velléités d'indépendance, de vous réveiller un jour en pleine crise d'autonomie. Ensuite, il faut beaucoup de discernement. Les hommes (ou les femmes) qui adorent vivre avec quelqu'un de dépendant, ça ne manque pas. Mais, là encore, il s'agit de ne pas se tromper, de faire le bon choix. Vous devez être certaine que votre divinité tutélaire le restera dans dix ou vingt ans, qu'elle aura toujours les moyens et le goût de s'occuper de vous, de régler votre vie sur la sienne.

Avez-vous une personnalité dépendante ?

D'un point de vue psychologique, une personnalité dépendante est définie par un mode général de comportement dépendant et soumis. C'est un trouble apparemment fréquent et plus souvent diagnostiqué chez les femmes. Vous avez une personnalité dépendante si vous vous reconnaissez dans au moins cinq des manifestations suivantes (extrait du DSM-IV-R, *Manuel diagnostique et statistique des troubles mentaux*) :

1. Vous êtes incapable de prendre des décisions dans la vie de tous les jours sans être rassuré(e) ou conseillé(e) de manière excessive par autrui.
2. Vous laissez autrui prendre la plupart des décisions importantes vous concernant, par ex. où habiter, quel emploi prendre.

3. Vous vous montrez « d'accord » avec les gens, même quand vous pensez qu'ils se trompent, par crainte d'être rejeté(e).
4. Vous avez du mal à mettre en route des projets ou à faire des choses seul(e).
5. Vous vous portez volontaire pour faire des choses désagréables ou dévalorisantes pour vous faire aimer par les autres.
8. Vous vous sentez mal à l'aise ou impuissant(e) quand vous êtes seul(e) ou vous faites des efforts considérables pour éviter d'être seul(e).
7. Vous vous sentez annihilé(e) ou impuissant(e) quand une relation proche s'interrompt.
8. Vous êtes fréquemment préoccupé(e) par la crainte d'être abandonné(e).
9. Vous êtes facilement blessé(e) quand vous êtes critiqué(e) ou désapprouvé(e) par autrui.

Comment le rendre plus tendre ?

Il allume une cigarette dès que vous avez fini de faire l'amour. Il se sent ridicule quand vous lui prenez la main en public. Il vous appelle toujours par votre prénom après trois ans de mariage, jamais « Mon ange », « Ma douce » ou « Mon bébé ». Il n'arrive pas à articuler le mot « amour », à dire tout simplement « Je t'aime » (et pas « Je t'aime beaucoup » comme il dit aussi à ses vieilles copines ou au mari de sa belle-sœur) ou « Moi, aussi ». Il ne pense presque jamais à vous demander comment vous allez. Il ne vous écrit jamais de lettre d'amour. Il dit rarement : « Laisse, tu as l'air fatigué, je m'en occupe. » Il ne vous offre des fleurs que lorsqu'il a quelque chose à se faire pardonner, des cadeaux seulement pour les fêtes officielles... Normal, vous êtes en manque. Vous n'êtes pas la seule. Plus de 60 % de Françaises reprochent à leur compagnon de n'avoir pas assez de gestes d'affection pour elles. La tendresse et les hommes, ça fait souvent deux. Est-ce une fatalité ? Faut-il vous faire une raison ? Pas forcément. Un homme, ça peut s'attendrir durablement. Bien sûr, vous ne ferez pas d'une brute un ange de douceur et de délicatesse. Mais si vous avez dans votre vie un endurci modèle standard, vous pouvez le rendre sensiblement plus démonstratif et attentionné.

Pourquoi ils ne sont pas tendres

André Comte-Sponville écrit dans son *Petit Traité des grandes vertus* (P.U.F.) : « La douceur est une vertu féminine. C'est pourquoi peut-être elle plaît surtout chez les hommes. » Et pourquoi, sans doute, ils en manquent tant. À l'état brut, les hommes ne sont pas tendres. Plutôt le contraire. En réalité, un homme, c'est « dur » pour des raisons à la fois biologiques et culturelles. Si votre compagnon manque de tendresse, c'est d'abord parce qu'il est conditionné par ses hormones. Il a plus d'hormones agressives et moins d'hormones douces. C'est aussi le poids de son hérédité masculine et, souvent, le fruit de son éducation. Pendant des millénaires, les hommes ont considéré la tendresse avec beaucoup de méfiance parce qu'elle était censée leur ôter tout courage et toute volonté.

Encore maintenant, on fait souvent rimer, pour un homme, tendresse avec faiblesse. Les autres hommes d'abord, en l'encourageant à se montrer viril au risque sinon de se voir traiter de femmelette (ou pis, de tapette). Les femmes aussi. Malheureusement, on en connaît beaucoup qui sont encore gênées de voir un homme pleurer. Du coup, même si les hommes revendiquent aujourd'hui la tendresse (juste après le courage et l'honnêteté), la plupart en restent incapables. Encore plus quand ils sont handicapés dans leur affectif pour raisons familiales. Tous les psys sont d'accord là-dessus : la non-tendresse comme la tendresse sont contagieuses. Un enfant (c'est valable aussi pour les filles) qui n'a pas été assez câliné dans son enfance par ses parents, ou qui les a vus plutôt « secs » dans leurs relations quotidiennes, a forcément du mal à se montrer câlin. Quand on n'a pas l'habitude des contacts physiques, de toucher ou d'être touché, des mots doux, quand on n'a pas eu l'exemple de parents affectueux entre eux, après, c'est « dur ». L'inverse est vrai aussi. Des parents hyperprotecteurs, une mère étouffante, un père envahissant, ça paralyse également la tendresse. Plus tard, un homme ne s'approche plus, s'approche peu, mal, ou fuit tout le temps, parce que plus ou moins consciemment il a peur de se retrouver piégé comme il l'était dans son enfance. Coincés entre leur hérédité et leurs traditions culturo-familiales, les hommes ont finalement toutes les raisons de n'être pas très tendres. En tout cas, de ne pas l'être spontanément. Un homme n'est tendre que s'il y a une femme pour l'y encourager. Et quand il l'est, sa tendresse est toujours un peu vacillante. Elle a sans cesse besoin d'être soutenue. Garder un homme tendre, le rendre plus tendre, c'est, au fond, le réapprivoiser tous les jours. Une seule stratégie : celle de la douceur, en commençant d'abord par éviter les plus gros pièges.

Ne soyez pas dans la demande

Quand un homme coince sur la tendresse, vous ne pouvez pas le débloquer en attaquant le problème de front. Plus vous lui demandez d'être tendre, plus il bloque. Normal. C'est comme de dire à un grand dépressif : « Fais un effort. » S'il le pouvait, il ne serait évidemment pas déprimé. Inutile donc de lui faire gentiment remarquer qu'il pourrait se montrer un peu plus câlin, penser à vous offrir des fleurs de temps en temps ou vous dire plus souvent « Je t'aime ». Il vous dit : « Je sais, mais je ne peux pas changer » et, plus il vous aime, plus il culpabilise de ne pas pouvoir vous le dire. Au fond, il s'en veut de n'être pas assez tendre. Inutile aussi de l'accabler de reproches, de le forcer à vous embrasser sur la bouche en public ou de réclamer vingt fois par jour : « Tu m'aimes ? » C'est pire. Il trouve une bonne raison à son manque de tendresse. Il se dit : « Après tout, c'est sa faute : elle ne sait pas me prendre. » Forcément, il commence par vous en vouloir et il finit par vous trouver envahissante. Vous lui rappelez sa mère qui était toujours à demander qu'on s'occupe d'elle. Là où les choses se compliquent, c'est que ça ne suffit pas de vous taire ou d'éviter de le coller. Vous pouvez aussi être dans la demande sans vous en rendre compte. Par exemple, si vous avez été vous-même en manque de câlins quand vous étiez petite. Avec ce genre de *background*, tout en vous, tout votre corps réclame même quand vous ne dites rien ou ne faites rien. Inconsciemment, un homme le ressent et il se montre plus distant. Dans ce cas, cela devient plus difficile. Vous devez d'abord débloquer votre problème pour qu'il débloque le sien. Prendre conscience que, si vous êtes en manque aujourd'hui, il n'y est vraiment pour rien. Et que, même s'il était beaucoup plus tendre, vous ne le trouveriez jamais assez tendre tant que vous n'aurez pas soldé votre compte affectif avec votre maman ou votre papa. Quand vous aurez trouvé intérieurement vos propres marques de tendresse, il trouvera les siennes.

Soyez tendre avec lui, mais pas trop

Autre piège quand on veut rendre un homme plus tendre, c'est de se dire : « Je vais lui donner beaucoup pour recevoir un peu plus », de prendre tout le temps l'initiative de la tendresse. Vous vous mettez en quatre pour lui faire plaisir, vous pensez à lui à tous les instants, vous le bichonnez, vous êtes chatte, vous le noyez dans un océan de tendresse. Ça ne marche pas. Plus grave même, il vous écarte un peu plus. Pour une raison simple. Souvent un homme n'est pas tendre parce qu'il a peur d'être débordé, envahi par sa propre féminité. Vous croyez lui donner l'exemple, lui montrer les avantages de la douceur : l'amour, le bonheur, la gentillesse, l'indulgence, la patience, etc. Lui n'en voit que les inconvénients : le bêtifiage, l'amollissement, la faiblesse, la dépendance, le côté poire...

Un homme a souvent l'impression qu'il va se faire avoir s'il se montre tendre, encore plus s'il a eu dans son enfance une maman très envahissante. C'est un signe, d'ailleurs. Si aujourd'hui il ne sait toujours pas dire non à sa maman, montrez-vous un peu plus distante. Il prendra plus facilement l'initiative de la tendresse. Il viendra plus souvent vers vous.

Montrez-lui que le corps, ce n'est pas le sexe

La tendresse, ça passe d'abord par le corps. Un homme qui n'est pas tendre, c'est quelqu'un qui limite inconsciemment ses contacts physiques aux contacts sexuels. Pour lui, le corps est chargé sexe. Toucher ou être touché, cela a toujours une signification sexuelle. C'est pour ça qu'il a un peu honte de vous tenir la main en public ou qu'il échange de joyeuses bourrades viriles, dénuées d'ambiguïté (croit-il), avec ses copains. Pour le rendre plus tendre, vous devez désamorcer chez lui cette relation corps-sexe, lui apprendre à se faire du bien à deux avec son corps sans que cela passe par le sexe. Commencez pour cela par lui offrir un abonnement dans un institut : massages, soins de beauté, etc. Ça lui fera du bien d'aller se faire papouiller par des étrangers. En plus, il vous revient avec une peau impeccable. Vous pouvez aussi lui proposer de le masser vous-même pour le déstresser ou chasser la fatigue. Vous risquez évidemment de lui donner des idées, mais ce n'est pas un drame si, au début, ça tourne très vite à la galipette. Dès qu'il aura pris l'habitude d'être massé, il appréciera le côté confortable de la chose. Petit à petit, il prendra conscience de son corps d'une manière différente, un peu moins sexe, un peu plus câlin.

Faites-le parler de son père

Si votre homme n'est pas assez démonstratif, c'est aussi souvent parce que son papa ne l'était pas non plus. Un père souvent absent, très macho ou trop distant, qui ne touche jamais son enfant sauf pour lui flanquer une rouste, qui ne lui parle pas sauf pour le juger ou l'engueuler, ça ferme à la tendresse. Plus tard, un homme a du mal à se montrer câlin, à se laisser aller. Un signe qui ne trompe pas : il serre la main de son papa quand il le voit au lieu de le serrer dans ses bras et de l'embrasser. Si c'est le cas, vous devez l'encourager à vous parler plus souvent de son père. Ce n'est pas toujours facile. Soit il a eu une relation conflictuelle avec son père et forcément il bloque, il a des difficultés pour en parler. Soit il l'a terriblement idéalisé et il n'imagine même pas qu'il puisse éprouver de la rancœur vis-à-vis de lui. Dans ces conditions, vous devez ruser afin de lui permettre d'exprimer librement ses réels sentiments à l'égard de son père. L'astuce consiste à lui parler de ses propres qualités en lui demandant s'il ne les a pas héritées de son papa. Vous pouvez aussi lui poser plein de questions sur son père quand il était lui-même un enfant. Vous raconter son père-enfant, ça l'amène automatiquement à voir son père comme un enfant. De cette façon, il peut relativiser sa relation avec lui, accepter son père tel qu'il est et, l'acceptant, accepter sa propre tendresse.

Encouragez-le à parler de ses problèmes

Un homme qui n'est pas physiquement très démonstratif, c'est aussi un homme qui ne parle pas, ou peu, ou alors pratique. S'il n'a pas de gestes tendres, il n'a pas non plus de mots tendres. Il peut apprendre. Souvent, même, c'est plus facile de passer par les mots pour l'amener aux gestes. Bien sûr, vous ne pouvez pas lui demander de but en blanc de vous susurrer des mots doux. Plus il est coincé tendresse, plus il est de toute façon incapable d'exprimer ses sentiments à votre égard. Mais vous pouvez le rééduquer en prenant des biais : son boulot, ses amis ou ses enfants. La plupart des hommes se sentent plus à l'aise pour parler affectif quand ça ne touche pas leurs relations aux femmes. Et ils se plaignent souvent que leur compagne les écoute d'une oreille trop distraite quand elle ne se sent pas directement concernée. Profitez-en. Rejoignez-le sur son terrain et demandez-lui de vous parler de ses rapports dans son job, avec ses copains ou vos gamins. Il vous déballera tout ce qu'il a sur le cœur. Quand il aura pris l'habitude de vous parler de ses sentiments envers les autres, il lui sera plus facile d'exprimer ses sentiments pour vous.

Parlez-lui de vous quand vous étiez gamine

Beaucoup d'hommes ne sont pas tendres aussi parce qu'ils ont été un peu écrasés par une mère autoritaire, dominatrice, ou négligés par une mère trop absente, pas assez câline. Plus tard, ils cherchent une femme qui lui ressemble et rejouent inconsciemment avec elle le même scénario qu'avec leur maman. Si votre compagnon n'est pas assez tendre, demandez-vous si vous ne vous montrez pas un peu trop « dure ». Si vous assumez tout, si vous prenez toutes les initiatives, si vous lui montrez tout le temps que vous n'avez pas besoin de lui, vous fermez la porte à sa tendresse. Pour être tendre, un homme a besoin de se sentir protecteur. En jouant les grandes femmes fortes, les grandes indépendantes, vous lui faites peur. Au contraire, en lui montrant la petite fille qui est en vous, vous le rassurez. Et c'est alors plus facile pour lui de se montrer câlin.

On a trouvé l'hormone tendresse !

Trois chercheurs américains (Jack Calwell, Gustave Jiricowski et Curt Pederson) de l'université de Caroline du Nord ont récemment découvert que la tendresse est liée à la production d'une hormone particulière : l'ocytocine. On savait depuis longtemps que cette hormone avait quelque chose à voir avec la réceptivité et l'instinct maternel. Quand on l'injecte à des femelles vierges, elles manifestent des comportements maternels. Elle est aussi à l'origine des poussées de lait chez une mère qui allaite. On s'aperçoit aujourd'hui qu'elle joue sans doute un rôle capital dans le déclenchement des sentiments tendres. Aussi bien entre la mère et son petit qu'entre partenaires sexuels ou dans les relations sociales entre individus. Plus on a d'ocytocine dans la tête, moins on est timide, plus on est aimable, gentil, attentionné avec les autres. À l'état normal, l'ocytocine est beaucoup plus abondante dans le cerveau des femelles que dans celui des mâles. Cela expliquerait que les mâles (les hommes) sont, dans la plupart des espèces, nettement plus agressifs et les femelles plus douces. Heureusement pour les femelles, les mâles produisent de grandes quantités d'ocytocine, d'hormone « tendresse », pendant l'orgasme. C'est un mécanisme de préservation. Un mâle (un homme) comblé sexuellement est toujours beaucoup moins agressif (sauf pour défendre les petits), beaucoup plus tendre qu'un mâle qui ne l'est pas. Il adopte automatiquement des comportements protecteurs et nourriciers aussi bien envers les femelles qu'envers les petits. Conséquence : vous pouvez attendrir votre homme en l'aimant. Mais, attention, c'est moins durable que chez nos amies les bêtes. Une femelle peut être tranquille pendant longtemps entre deux périodes de rut. Avec un homme, il faut recommencer tout le temps. Sinon, grosses frustrations et tendresse en chute libre.

L'amener à vos fins

Draguer un homme pour une nuit, en épouser un pour la vie, se faire offrir une nouvelle voiture ou deux semaines aux Bahamas... Souvent, vous bricolez pour obtenir une grande faveur ou un petit service. Forcément, votre compagnon vous promet monts et merveilles : il va vous aider à retrouver un job, faire la vaisselle, divorcer, se laver les dents trois fois par jour, fixer l'étagère du couloir, faire un enfant avec vous, réparer la plomberie, arrêter de fumer, s'acheter une conduite... Sur le moment, il est souvent sincère, mais hélas, ses oui cachent souvent des mais ou des si, des peut-être ou des jamais. Entre bonnes intentions et passage à l'acte, les hommes connaissent trente-six façons de se défiler. Vous le leur reprochez d'ailleurs assez souvent. Les pros de la négociation ou de la vente ont, en revanche, des techniques très élaborées et redoutablement efficaces pour influencer les choix et arriver à leurs fins. Ces techniques, vous pouvez aussi les utiliser pour obtenir d'un homme ce que vous voulez. Bien sûr, il ne vous donnera jamais ce qu'il ne peut vous donner. Mais vous pouvez toujours décrocher beaucoup plus que ce que vous avez d'habitude. À condition de traiter chaque demande comme une négociation et de respecter les différentes étapes par lesquelles passent toutes les négociations.

Évaluez votre demande

Avant d'entamer une négo avec un homme, vous devez toujours vous mettre à sa place et évaluer ce que ça représente pour lui en fonction de trois critères. Dans le jargon marketing : l'implication (forte ou faible), la valeur (fonctionnelle ou symbolique) et la différenciation (facile ou difficile).

Premier critère : l'implication

C'est le niveau de risque que vous devez prendre. L'engagement n'est pas le même pour une nuit ou pour la vie. Un chéri fauché réfléchit deux fois avant de se fendre d'une semaine de rêve aux Bahamas. En revanche, il est mieux disposé s'il vient d'avoir une grosse rentrée. Vous trouvez plus facilement un homme pour vous raccompagner si c'est sur son chemin. Plus difficilement si vous habitez à Perpète-les-Oies.

Deuxième critère : la valeur

Quelle valeur ça a pour lui de vous aider, de faire un effort pour vous ? Est-ce seulement pratique ou aussi affectif ? Ce que vous demandez à un homme peut être à sens unique : il « paie », mais ça ne lui rapporte rien. Ou, au contraire, il peut en retirer quelque chose : c'est aussi son intérêt, en vous faisant plaisir, il se fait plaisir, etc. Dans un cas, c'est toujours un peu frustrant pour lui : il a l'impression de perdre quelque chose, de se faire avoir. Dans l'autre, c'est plus gratifiant. Il fait valoir son intelligence, sa générosité, son autorité, sa bienveillance ou son amabilité à vos yeux, aux siens et à ceux des autres... Un homme offre plus facilement des fleurs (c'est flatteur pour son ego) qu'une machine à café. C'est plus agréable pour lui de vous acheter de la lingerie que de payer vos amendes.

Troisième critère : la différenciation

Pourquoi un homme fait-il quelque chose pour vous en particulier ? Qu'est-ce qui vous différencie des autres ? On obtient toujours plus quand la différence est marquée. On ne dit pas non (pas souvent) à Laetitia Casta, Ségolène Royal ou Hillary Clinton. Vous pouvez obtenir plus quand vous vivez avec un homme, que vous êtes la mère de ses enfants, que lorsque vous êtes une copine (surtout s'il en a beaucoup d'autres en même temps...).

Fixez-vous un objectif maximal et minimal

Un bon vendeur se pose toujours deux questions : « Quel est le résultat précis que je cherche à obtenir ? », « Est-ce que je suis sûr de pouvoir y arriver ? » Et il se donne une marge de manœuvre. En vous fixant un objectif avec une hypothèse haute (optimiste) et une hypothèse basse (pessimiste), vous pouvez vous adapter en cours de négociation. Un homme peut vous dire non aujourd'hui et oui demain. À condition que la négociation reste ouverte. Si vous démarrez par « c'est à prendre ou à laisser... » ou « décide-toi, c'est aujourd'hui ou jamais ! », c'est difficile ensuite de rabattre vos prétentions ou d'embrayer sur « demain, peut-être ? ».

Croyez au succès

Quand vous voulez quelque chose (ou quelqu'un), vous devez le vouloir vraiment. Si, au fond de vous-même, vous n'êtes pas convaincue (c'est juste un caprice, ça va vous compliquer l'existence, etc.), ce n'est même pas la peine d'essayer. La règle, pour réussir, c'est de ne pas se représenter l'échec. Sinon, à la première difficulté, le doute s'insinue (« Je le savais bien », sous-entendu « Il me trouve moche », « Il ne m'aime pas »), et vous n'allez pas jusqu'au bout. Et un homme sent bien quand il peut vous dire non sans se créer de problèmes.

Demandez-vous s'il a le pouvoir de dire oui

Si vous argumentez face à quelqu'un qui n'a pas le pouvoir de décider, vous perdez votre temps. L'homme de votre nuit ou de votre vie a peut-être les moyens nécessaires pour décider, mais il n'en a pas la liberté, le courage. Il a envie de vous accorder ce que vous voulez, mais il doit rendre des comptes à son banquier. Il a envie de passer la nuit avec vous, mais sa femme l'attend. Il veut construire avec vous, mais il n'est pas encore prêt pour une vie à deux, se marier, faire des bébés. Ou, au contraire, sa marge de manœuvre est limitée (il est marié, il a des enfants, il n'a pas l'argent pour..., etc.), mais il est très motivé, persuadé qu'il a besoin de vous. Dans ce cas, c'est une question de temps. Vous devez lui laisser le temps (de convaincre les autres, de se donner les moyens...). Souvent nos projets échouent parce qu'on ne respecte pas le rythme de l'autre. La patience est la première des vertus d'un bon négociateur.

Faites jouer ses prescripteurs

Tout comme vous, votre cible d'une nuit ou le père de vos (futurs) enfants est influençable. Il a ses éminences (pas forcément grises) dont il respecte le jugement, en qui il a confiance. Vous devez les identifier et les utiliser en cultivant leur amitié. Mettez-vous bien (pas trop quand même) avec son meilleur ami, sa maman, sa grande sœur ou son patron, son fils... La partie est à moitié gagnée si vous « soignez » tous ceux qui peuvent influencer ses décisions. Ils se feront un plaisir de parler en votre faveur.

Mettez-vous sur la même longueur d'onde

Négocier, c'est faire passer un message. Pour ça, votre interlocuteur doit être disponible. Essayez de vous mettre à sa place. Est-il dans de bonnes dispositions ? A-t-il confiance ? Si, visiblement, il n'a pas dormi de la nuit, s'il est à cran, en situation d'urgence, ce n'est pas le moment. Et pensez à ce qui peut le motiver. Montrez de la compréhension pour son point de vue. Même si vous avez l'intention de l'entraîner sur vos positions. Dans tous les cas, vous avez besoin de comprendre son mécanisme de pensée, ses critères de décision.

Maîtrisez la conversation

Une négociation, ça se passe en une fois, souvent en plusieurs (quand l'implication est forte, le risque élevé). Un échange mal maîtrisé (et Dieu sait que les hommes sont forts pour ne pas écouter ou pour ne pas entendre), cela veut dire que vos idées, vos arguments ne sont pas retenus. Vous parlez beaucoup, mais dans le vide. L'autre ne vous écoute pas, ne vous entend pas, n'enregistre pas. Votre objectif se noie dans la confusion. Pour maîtriser un entretien, les grands négociateurs utilisent cinq techniques :

— Créer un contact par le regard. Normalement, on ne fixe pas un interlocuteur. En revanche, le regard sert à établir le contact (par exemple, avec un homme que vous rencontrez) ou à ponctuer les moments importants d'une conversation (après une idée, un argument, une question, une réponse...).

— Poser des questions. Quand quelque chose nous tient à cœur, on est souvent trop anxieux ou trop confiant, on en dit trop peu ou beaucoup trop. En posant des questions, vous prenez un double avantage. Vous obtenez des informations et vous déstabilisez.

— Sonder votre mâle. Votre compagnon d'un jour ou de la vie est sans doute sincère, mais vous ne devez pas vous contenter de ses premières déclarations (surtout si elles sont laconiques). Creusez un peu, en alternant le style direct et la délicatesse, pour découvrir ses réelles intentions.

— Manier le silence. Un silence, ça laisse le temps à une idée, un argument, une question de faire son chemin dans la tête de l'autre. Le risque, c'est d'être « aspirée » par le silence de votre interlocuteur, par exemple, s'il ne répond pas à une question. Dans ce cas, posez-lui une autre question moins impliquante.

— Écouter les réponses. Souvent, au lieu d'écouter les autres, on écoute ce qui nous passe par la tête. Pour bien écouter, la méthode consiste à répéter ce que dit l'autre en reprenant ses propres mots, ses propres sentiments (par exemple, « Comme tu viens de le dire... », « En fait, si je t'ai bien compris... »).

Jouez sur sa corde sensible

On fait plus facilement les choses qui nous font plaisir. Un bon vendeur sait trouver la corde sensible et la faire vibrer. Inutile de faire appel à la raison ou à la logique d'un homme. À ce jeu-là, il a en général de la défense. Jouez plutôt sur ses besoins émotionnels : survivre, ne pas commettre d'erreur, être aimé, apprécié, se faire respecter, avoir confiance. Si votre homme pour la nuit est anxieux (« Oh ! là, là ! Sida »), rassurez-le (« J'ai des préservatifs dans mon sac »). Si le compagnon de vos jours a besoin de respectabilité, autant le conforter dans cette idée (« Tu verras, tu feras un père formidable »).

Traduisez votre demande en « bénéfice client »

Le principe, c'est de faire coller votre objectif avec les besoins émotionnels de votre interlocuteur. De cette façon, il a l'impression que l'idée, le projet vient de lui. Évitez de dire « moi, moi, moi » ou « je, je, je » et mettez en avant les avantages pour l'autre. Par exemple, si vous voulez un bébé, laissez tomber les « Ça me ferait tellement plaisir », « J'ai toujours voulu être maman », etc. Essayez plutôt : « Je suis sûre qu'il sera aussi intelligent que toi », « Ça va drôlement diminuer tes impôts », etc.

Décrochez un oui

Le moment de vérité. Souvent vous n'osez pas. Vous avez peur d'un refus, d'être rejetée. Si les hommes vous disent rarement « oui », c'est que vous ne demandez pas comme il faut, que vous ne demandez pas assez souvent. En fait, pour obtenir un accord, un engagement, vous devez toujours éviter les questions fermées du type : « On se marie bientôt, oui ou non ? Non. » Utilisez plutôt des alternatives : « Tu vois plutôt un grand mariage ou quelque chose d'intime ? » La réponse vous donnera la tendance. Même si elle est négative, ça n'est pas un non catégorique. Faites des hypothèses. Votre demande (surtout si elle est très impliquante) représente un changement, un risque ou un inconfort. En utilisant des formulations hypothétiques (« Si on passe la nuit ensemble, on va chez toi ou chez moi ? », « Si on fait un bébé, tu la vois comment, sa chambre ? »), vous imprégnez chez un homme une image mentale qui l'amène « en douceur » à accepter le changement.

Persévérez en cas de refus

Vous avez franchi toutes les étapes, mais, au dernier moment, votre homme fait objection. C'est normal. Le *statu quo* est toujours plus confortable qu'un changement. Votre projet a forcément des inconvénients. Vous devez prévoir les éventuelles objections, logiques ou émotionnelles, pour pouvoir y répondre, éviter que la situation ne se bloque. Sans pour autant les provoquer. Inutile de tendre le dos pour vous faire battre. Une objection (surtout de dernière minute), c'est aussi parfois le signal que votre interlocuteur est prêt à « céder », qu'il a besoin d'un dernier coup de pouce pour dire oui.

Comment bien demander ?
Quand vous dites à un homme « Pourrais-tu faire la vaisselle ? », il comprend, « Je ne suis pas sûre que tu en sois capable ». Vous devez dire : « Tu veux bien faire la vaisselle ? » ou mieux, « Fais la vaisselle ». Utiliser le verbe « pouvoir », demander à un homme s'il « pourrait » faire ceci ou cela, équivaut à une interrogation sur ses compétences : il répond sans réfléchir « oui, je peux » et oublie. Ou alors, il fait autre chose pour montrer à quel point il est « capable ». N'hésitez pas à utiliser l'impératif (fais ci, fais ça) : dans une vision masculine, c'est normal qu'il y en ait un qui commande, l'autre qui obéisse. Autres phrases à éviter quand vous voulez quelque chose : « Aurais-tu du temps pour ? // Non », « Ça t'ennuierait de... // Oui », « Je pensais que tu aurais pu... // Tu as tort », « On devrait faire... » Qui ? Vous peut-être, en tout cas pas lui...

« Je t'aime, je te mens ! »

Est-ce que vous aimez être traitée de menteuse ? Non, évidemment. Ça vous rend folle de rage. Vous vous retenez (espérons-le) de gifler celui qui... Pourtant, vous mentez. Comme tout le monde. Plusieurs fois par jour depuis que vous êtes en âge de parler. Bien sûr, ce n'est souvent pas grand-chose.

Des petits mensonges sans penser à mal. Juste pour être tranquille. Et puis, parfois, un bon gros mensonge parce que vous avez fait (vous voulez faire) une bêtise. Mais, bon, vous n'appelez pas cela mentir. Même quand vous trompez sciemment l'homme de votre vie, vous n'avez pas envie qu'il vous traite de menteuse. Paradoxe du mensonge : tout le monde ment, personne n'en supporte le reproche. C'est dû à un vieux fond de culpabilité judéo-chrétienne (même si « Tu ne mentiras point » n'est pas inscrit dans les Dix Commandements). Mais surtout s'avouer menteur, c'est reconnaître (et accepter) que les autres puissent l'être (le sont) aussi. On préfère fermer les yeux, prêcher la vérité et trouver de mauvaises excuses à ses mensonges au lieu d'en revendiquer le droit (égal pour tous). Il est temps d'en finir avec cette hypocrisie, de réapprendre le mensonge comme un droit, mais aussi comme un devoir.

Faut-il tout se dire ?

Dans son livre, *Mensonges à deux*, Maurice T. Maschino dénonçait « le culte forcené et vicieux de la vérité ». Selon lui, on apprend avec la littérature, Roméo et Juliette, à être des intégristes du cœur. Mais, en revanche, rien ne nous apprend à vivre en couple. On n'a qu'un seul modèle de vie conjugale, celui des parents qu'on a intériorisé. On reproduit ce modèle. Le couple fait souvent régresser vers des schémas infantiles de comportement. Il libère le gamin insupportable, la gamine odieuse qu'on a été. Dans les couples, c'est la guerre à l'état sauvage. On se sent coincé entre une vérité impossible et un mensonge intenable. On se croit tout permis... « Avoue, disait-il, pour que je puisse te manipuler, prendre le pouvoir. Ou bien on avoue et on fonctionne selon le désir de l'autre, on s'aliène. Ou alors, on se défend. La transparence est impossible et dangereuse, le mensonge inévitable. Je ne prêche pas le cynisme, mais une politesse des rapports conjugaux. Ne pas se sentir coupable parce qu'on ne se dit pas tout. Personne n'est le propriétaire de l'autre. Chacun de nous est le propriétaire de lui-même et de son corps. Celui qui sait mentir avec discrétion et élégance exerce sa liberté de manière telle qu'il ne fait pas souffrir. Le mensonge, c'est ce qui permet à un couple de fonctionner, de durer. La vérité joue souvent un rôle sadique dans les couples. »

On ne peut pas tout se dire

On s'aime, on ne fait « plus qu'un » (surtout au début), alors on croit pouvoir tout partager, tout se dire. L'illusion est douce et encore plus dangereuse. La transparence dans le couple est impossible. Par manque de temps (il faudrait des lustres pour tout se dire) mais surtout parce qu'on n'est pas transparent pour soi-même. Les plus grands efforts de sincérité ne disent jamais toute la vérité. Même quand, dans un élan de franchise, on avoue ses faiblesses, on ment. On les présente au mieux. On cherche toujours à donner une bonne image de soi. En plus, il y a toutes ces choses sur soi qu'on ignore. On peut mentir à l'autre de bonne foi, le tromper en croyant lui dire la vérité. C'est ce qu'on fait en prétendant aimer toujours alors qu'on sait par expérience n'aimer qu'un temps.

On ne doit pas tout se dire

En principe, une relation, un couple, ça marche à la confiance. Vous ne mettez pas en doute la loyauté ou la sincérité de votre compagnon. *A priori*, vous imaginez qu'il est vrai dans ses sentiments, ses propos, en tout cas de bonne foi. La vérité va de soi en amour. On doit la dire... le plus possible. On peut la dire, mais pas toujours, pas à n'importe quel prix ou n'importe comment. C'est une question de décence, de pudeur. La sincérité ne doit pas devenir de l'exhibitionnisme. Vous n'êtes pas censée décrire à l'homme qui partage votre vie le détail de vos ébats avec vos ex. C'est une affaire de délicatesse, de douceur. Vous pouvez à un moment donné douter de l'autre ou de l'amour que vous avez pour lui, vous n'êtes pas obligée de le lui dire. C'est blessant. En plus, vous donnez une réalité à un problème qui n'en est peut-être pas un. C'est vrai (sans mentir) que « dans l'amitié comme dans l'amour, on est souvent plus heureux par les choses qu'on ignore que par celles que l'on sait » (La Rochefoucauld). Cela suppose évidemment beaucoup de respect, de tact et de discrétion de part et d'autre. En général, le flou, le non-dit, des demi-vérités suffisent. Les couples équilibrés fonctionnent à l'implicite. Quand on cherche à savoir, quand on veut trop savoir, c'est qu'il y a problème. Vous devez mentir (vraiment) pour vous protéger ou protéger votre couple. Mais, là encore, vous ne pouvez pas mentir tout le temps ou n'importe comment.

Comment mentir vrai

Bien mentir est un art difficile, surtout quand on n'en a pas l'habitude. Rares sont ceux qui mentent comme ils respirent. C'est une affaire de logique et de stratégie (on ne ment pas n'importe comment), mais aussi de nerfs, de maîtrise de soi (il est bien plus facile de mentir sur des faits ou des idées que sur ses sentiments). Voici de quoi peaufiner vos mensonges, les faire sonner juste, leur donner la simplicité de la vérité.

Protégez-vous dès le départ

Souvent, dans la griserie d'une rencontre, sous le coup d'un choc amoureux, on a tendance à passer à confesse. Pris d'une frénésie de vérité, on se raconte pendant des journées, des nuits entières. On avoue ses fautes (passées) et ses faiblesses (chroniques), convaincu que l'autre nous aime malgré elles et même plus encore à cause de l'aveu qu'on lui en fait. C'est une façon de se refaire une virginité. On se veut neuf pour commencer une vie nouvelle. C'est une erreur. Tout ce que vous dites dans l'intensité d'une passion finit par vous retomber sur le nez. Dans un élan (irrésistible) de sincérité, vous reconnaissez avoir été infidèle. Plus tard, dans un moment d'aigreur, l'homme de votre vie vous renvoie la balle méchamment : « Infidèle un jour, infidèle toujours ! » Vous cherchiez le pardon, l'amour rédempteur, vous avez fait naître le soupçon.

Mentez « économique »

Mentir, c'est d'abord faire l'économie de la vérité. Comme disait Mark Twain : « La vérité est la chose la plus précieuse que nous ayons. Économisons-la. » Autrement dit, ne mentez pas quand rien ne vous y oblige. Si personne ne vous demande votre âge, inutile de claironner que vous avez trente-cinq ans alors que votre carte d'identité en avoue quarante. Dans l'absolu, la meilleure façon de mentir, c'est de ne rien dire. Mentir par omission vaut toujours mieux qu'une fausse déclaration (un mensonge en entraîne toujours un autre). Si vous devez raconter des histoires ou nier quelque chose qui vous est reproché, faites-le sobrement. Inutile de fabuler, de construire un roman.

Restez dans les limites du vraisemblable

Si vous ne pouvez pas faire autrement que mentir, le mieux c'est de coller autant que possible à la vérité. Même si, dans bien des cas, « plus c'est gros, plus ça marche » reste vrai. Mais les excuses du genre « Ma grand-mère est morte » ou « J'ai été prise en otage par le forcené du Crédit Lyonnais » ne peuvent servir qu'une fois. Réservez-les pour des occasions exceptionnelles.

Un bon mensonge doit toujours rester dans les limites du vraisemblable. De cette façon, il est invérifiable. En plus, vous gagnez en crédibilité. Surtout si vous le faites sous forme de demi-aveu. La tactique consiste à avouer une partie désagréable de la vérité pour taire le plus important. Oui, vous reconnaissez qu'en sortant du bureau, vous êtes allée boire un verre avec Benoît. « On a beaucoup parlé, je n'ai pas vu l'heure passer. Tu m'en veux pas ? » Vous révélez l'arbre (vous vous amusez bien avec Benoît...) pour cacher la forêt.

Prévoyez les questions

On se trahit plus facilement quand on improvise dans l'urgence. Sur le coup de la surprise, vous pouvez être en panne d'explications cohérentes, bafouiller, révéler votre trouble. Un mensonge, c'est comme un alibi. Ça se prépare. Vous devez prévoir les éventuelles questions (les essentielles), être en mesure d'y répondre de manière convaincante. Ne vous endormez pas sur le fait que l'homme qui partage vos jours n'est pas d'un naturel très curieux ou habituellement discret. Il peut tout à coup « faire » un gros soupçon, une crise de parano. Ou même vous poser sans s'en rendre compte une question très embarrassante.

Ne donnez pas un luxe de détails

Toujours le même principe d'économie, de sobriété. Quand vous mentez, faites-le sur des points essentiels, ne rentrez pas dans les détails. Si vous racontez que vous avez été au cinéma avec une copine (c'est bien d'avoir vu le film, on ne sait jamais), ce n'est pas la peine de décrire la salle ou de raconter le film scène par scène. C'est bien connu dans les services de police : les alibis trop bien ficelés sont les plus douteux. Personne ne se souvient complètement, d'une semaine ou d'un jour sur l'autre, de ce qu'il a vu ou entendu ou même fait à telle ou telle heure. Plus vous racontez, plus vous risquez de vous couper. Un bon mensonge a toujours des lacunes, des zones de flou. Vos mensonges seront plus crédibles si vous répondez « Je ne m'en souviens pas » ou « Je ne sais plus » aux éventuelles questions de détail.

Contrôlez votre expression

Ce n'est pas facile de mentir même quand on croit en avoir l'habitude. On se sent un peu ou très coupable (surtout si on pense que l'autre n'est pas menteur). On a plus ou moins peur d'être confondu (ça dépend de l'enjeu du mensonge). Parfois aussi (plus rarement), on éprouve « le délice de tromper », la satisfaction de se jouer des autres, d'être plus fort qu'eux. Toutes ces « émotions » plus ou moins conscientes produisent des modifications involontaires de l'expression. Chez les enfants, le regard se fait fuyant, la voix devient plus aiguë ou mal assurée. En principe, les adultes se contrôlent mieux. Mais souvent le mensonge se signale par un regard qui décroche, un raclement de gorge, une profonde inspiration (comme avant de plonger), etc. Pour bien mentir, vous devez repérer et éliminer vos signaux du mensonge. Un bon mensonge doit s'insérer naturellement dans une conversation. Dans l'idéal, il faut toujours mentir de près. Au téléphone, l'attention est plus focalisée sur votre voix, plus sensible à vos variations de ton. Même chose si vous mentez à votre compagnon d'une pièce à l'autre ou pire en lui tournant le dos. La meilleure manière de faire passer un mensonge, c'est de regarder droit dans les yeux votre interlocuteur. Prenez exemple sur les hommes politiques.

Assumez vos mensonges

Quand on ment, on n'est pas sincère avec l'autre. La moindre des choses, c'est de l'être avec soi-même. Sinon, vous mentez deux fois. Vous mentez sur le moment avec bonne conscience en vous disant que l'autre vous y oblige. Mais vous ne vous assumez pas comme menteuse. Du coup (encore le poids de la culpabilité), vous oubliez que vous avez menti, vos mensonges. Et puis, un jour, consciemment ou non, vous vous rétractez. Vous avouez avoir menti ou alors, « sans le faire exprès », vous révélez la vérité. Vous avez dit au compagnon de vos jours que vous n'aviez eu que trois amants, un amour de jeunesse, votre ex-mari et lui. Avec untel, « ça a juste été des petits bisous ». Plus tard, il découvre que vous avez couché avec le « untel » en question et même failli vous marier avec lui. Non seulement ça fait désordre, mais en plus, vous vous discréditez. Vous passez au mieux pour une grande étourdie, une inconséquente, au pire pour une sournoise. Bien mentir demande de la mémoire et du courage. Sinon, évitez. Vous faites deux fois plus de mal à quelqu'un en ajoutant au mensonge la mauvaise foi. Ou en vous vengeant sur lui (par vos aveux ou vos lapsus) de lui avoir menti.

Gardez-les pour vous

La culpabilité ou la satisfaction d'un mensonge réussi font qu'on éprouve souvent le besoin de confesser son mensonge à un tiers (quand on s'interdit de le partager avec sa victime). Évitez. En confiant vos mensonges, vous vivez dangereusement, vous vous exposez à des recoupements. Votre meilleure amie (même aussi discrète qu'une tombe), les gens en qui vous avez parfaitement confiance ne sont pas à l'abri d'une parole malheureuse. Ne vous illusionnez pas sur le fait qu'il n'y a apparemment aucun rapport entre la personne à qui vous mentez et celle à qui vous confessez votre mensonge. Le monde est petit. Le hasard, ça existe. La malveillance aussi. Les meilleurs mensonges, comme les mauvais coups, se passent de confident et, autant que possible, de complice.

Fabriquer du temps pour deux

Le temps des femmes n'est pas celui des hommes. On s'en doutait un peu à voir les efforts de patience que l'on déploie (souvent mal) pour vivre ensemble. Mais là, ça se confirme. On croyait que cette différence était socioculturelle. Vingt-quatre heures de la vie d'une femme, ça n'a jamais rien eu d'équivalent sous n'importe quelle latitude à vingt-quatre heures de la vie d'un homme. Elle est avant tout génétique. Pour une affaire de cerveau et d'hormones, les femmes et les hommes ne perçoivent pas le temps de la même façon. Un « décalage temporel » qui expliquerait beaucoup de choses. Le fait que les femmes sont généralement plus patientes que les hommes. Comme la recherche de l'orgasme simultané afin de se retrouver dans un même temps « hors temps ». Pour beaucoup de psys, ce décalage temporel est même à l'origine de la plupart des conflits de couple. Et souvent la vraie cause des ruptures. Tous nos désaccords de fond seraient dus au fait que l'on perçoit et donc que l'on gère le temps, passé, présent, futur, d'une manière différente. Et l'on perdrait (définitivement) patience quand on serait trop « décalés ». On se quitte, parce qu'on n'a pas su accorder les tempos. Est-ce inéluctable ? Pas forcément. Savoir que vous n'avez pas le même temps que lui, respecter son temps et faire respecter le vôtre, ça rend déjà nettement plus patient. Et puis, un couple, c'est comme une pendule, vous pouvez le remettre à l'heure.

Votre temps et le sien

Votre temps et le sien ne sont pas synchro parce qu'ils ont des qualités très différentes. Votre temps à vous est marqué : des menstruations tous les vingt-huit jours, neuf mois pour faire un bébé, une ovulation limitée dans le temps. Pas le sien. Quand il vous dit « on part un week-end » ou « on fait un bébé », c'est du virtuel, de l'hypothétique. Vous, au contraire, vous pensez tout de suite en réel. Vous comptez les semaines pour que ça ne tombe pas pendant vos règles, les mois pour ne pas vous retrouver enceinte jusqu'aux yeux pendant vos vacances d'été. Depuis l'invention du téléphone, c'est pire. Vous ne comptez plus ses absences en jours ou en heures, mais en secondes. Il n'appelle pas trois fois par jour, il oublie votre anniversaire. Vous croyez qu'il ne pense pas à vous, qu'il ne vous aime plus. Faux. C'est juste qu'il ne voit pas le temps passer. Une femme a conscience du temps qui passe. Pas un homme. En tout cas, beaucoup moins. Le compagnon de vos jours n'est pas sensible à la durée sauf quand il regarde sa montre toutes les trois minutes. Il n'a pas le sentiment du temps sauf s'il attend sans rien faire. Quand vous lui dites « J'en ai pour dix minutes », là, évidemment, au bout d'une demi-heure, il a l'impression que ça fait une éternité. En plus, vous êtes « polychrone », lui est « monochrone » : vous pouvez faire deux choses à la fois, être en réunion et penser à lui téléphoner pour lui dire que vous allez être en retard, prendre deux déj pour lundi. Vous avez l'habitude de traiter vos affaires, la maison, le boulot, les enfants, en simultané, de sauter du coq à l'âne. Lui non. Il ne peut faire les choses qu'une par une. Il doit d'abord régler ses problèmes de job avant de quitter sa femme. Il n'est pas capable de suivre plusieurs conversations à la fois. Conséquence : pour vivre (longtemps) ensemble, vous devez remettre fréquemment vos pendules à la même heure.

Accorder les pendules

Gérer votre temps à vous, ce n'est déjà pas simple si vous avez une vie bien remplie et/ou si vous êtes un peu désordonnée. Accorder les pendules avec le compagnon de vos nuits, c'est forcément tout un art. Pas évident si, en plus, vous avez tous les deux des rythmes perso très différents. Si vous êtes du matin et s'il est du soir, vous ne vivez déjà pas dans le même fuseau horaire. En gérant le « temps à deux », vous pouvez quand même réduire considérablement votre décalage temporel. Pour cela, vous devez appliquer certaines règles.

Faites la chasse aux temps morts

Dans un couple, il y a quantité de temps morts qui aggravent le décalage et gâchent beaucoup du temps passé ensemble. Un temps mort, c'est chaque fois que vous attendez que votre chéri vous devine en partant du principe : « S'il m'aime vraiment, je n'ai pas besoin de dire les choses pour qu'il comprenne. » Comme il en fait autant de son côté, vous perdez un temps fou. Ne mesurez plus son amour à sa capacité de jouer les Madame

Soleil. Vous avez envie de faire l'amour : demandez. Vous êtes fatiguée, vous voulez qu'on vous fiche la paix : dites-le. Vous avez besoin de sortir pour vous changer les idées : proposez. Lundi prochain, c'est votre anniversaire : rappelez-le-lui. Exprimez-vous. Ça accorde vos pendules et vous gagnez du temps tous les deux.

Ne soyez plus « chronophage »

Un « chronophage », c'est un mangeur de temps. À cause du décalage temporel, vous avez tous les deux des tendances à la chronophagie. Vous vous « bouffez » le temps l'un l'autre sans même vous en rendre compte. Par exemple, quand vous l'écoutez d'une oreille distraite, ou quand il vous téléphone au bureau trois fois dans la même demi-heure pour vous faire part de l'évolution (pas à pas) de ses réflexions. Pour lutter contre vos tendances « chronophages », vous devez prendre, tous les deux, de bons réflexes :

— Ne faites plus semblant d'écouter quand vous avez la tête ailleurs. Ça oblige à répéter et, un jour, vous vous retrouvez en train de poireauter avec vos valises pour partir en week-end parce que vous n'avez pas entendu « Annulé ».

— Appelez au bureau si c'est nécessaire ou pour faire un petit coucou, mais commencez toujours par demander si vous ne dérangez pas.

— Ne vous « jetez » pas sur l'autre quand il rentre du travail. Nombre des scènes de ménage éclatent dans ces moments-là. On a tous besoin d'un temps de décompression.

— Abrégez vos conversations téléphoniques en présence de l'autre (surtout le soir). On ne sait pas pourquoi, mais c'est crispant pour tout le monde.

— Évitez de mettre l'autre en situation d'attente. Ne dites pas dix minutes quand vous savez que vous en avez au moins pour une demi-heure. N'arrivez pas en retard à vos rendez-vous sous prétexte qu'il vous attend à la maison.

— Ne prenez pas le temps de l'autre en otage. Demandez-lui son avis avant de prendre un engagement qui le concerne. Prévenez-le aussi quand vous rentrez plus tard ou quand vous devez être absente un soir ou une semaine. De cette façon, il peut (ré)organiser son temps à sa guise.

— Renoncez à changer votre partenaire. Vous avez déjà tellement à faire avec vous. Ça ne sert à rien de lui rabâcher sans cesse « Presse-toi » ou « Attends-moi ». C'est vraiment du temps perdu.

Tenez un agenda commun

Respecter le temps de l'autre, c'est aussi respecter son emploi du temps. Plus chacun peut dire à l'avance ce qui va se passer, plus c'est facile d'accorder les pendules. Pour ça, vous devez vous tenir l'un l'autre régulièrement au courant de vos emplois du temps respectifs, pour la journée, la semaine, les mois à venir. Le meilleur moyen, c'est d'avoir un agenda commun en plus de vos agendas perso pour concilier vos variations de temps. De cette façon, vous êtes sûre que l'information circule bien. Surtout en cas de contretemps. En tenant à jour un agenda commun, vous évitez les clashs temporels, tous les « Tu ne me l'as jamais dit », « Tu aurais pu me prévenir », etc., qui empoisonnent la vie quotidienne.

Arrêtez de vouloir faire tout ensemble

Dans la vie, il y a des obligations, les rendez-vous de dentiste, les réunions de parents d'élèves, l'achat du cadeau pour la naissance du petit dernier de la première belle-sœur du troisième beau-frère, les courses du mois chez Carrefour, etc. Et puis, chacun a aussi ses propres corvées. En faisant à deux ce que vous pouvez faire seul(e), vous aggravez un peu plus votre décalage temporel. Au contraire, en partageant vos obligations, vous gagnez tous les deux en temps perso. En évitant à l'autre vos corvées, vous lui faites plaisir et vous pouvez couper aux siennes.

Fabriquez du « temps pour deux »

Des vies professionnelles chargées, des obligations familiales, des passions perso, etc. Tout cela aggrave aussi le décalage temporel. En général, vous ne consacrez à votre couple que le temps qui reste quand vous avez fait tout le reste. Vous ne vous retrouvez que dans des petits bouts de temps le soir ou le week-end. C'est peu, trop peu pour faire durer un couple. Pour vivre longtemps ensemble, vous devez fabriquer du temps pour deux. Ça veut dire y penser (il n'existe pas spontanément) et vous organiser en conséquence :

— Ne bourrez plus vos journées. Pour accorder vos pendules, vous avez besoin d'avoir tous les deux du temps en réserve. De cette façon, chacun est toujours disponible pour s'ajuster aux urgences de l'autre, que ce soit pour un câlin ou pour un service.

— Prenez du temps pour le temps. Accorder les pendules, ça demande du temps. Vous devez pouvoir écouter vraiment et vous exprimer complètement. Ça ne se fait pas entre deux portes, le matin quand vous devez filer au boulot ou le soir après une journée épuisante. N'hésitez pas à vous fixer des rendez-vous dans la journée pour le soir ou dans la semaine pour le week-end.

— Aménagez des temps pour deux, sans copains, sans famille, sans enfants, sans obligations, ni raisons ni horaires. Du temps juste pour être ensemble, même si vous devez le passer chacun dans votre coin à bouquiner.

Expliquez vos priorités

Souvent, dans un couple, on évite les conversations de fond. C'est prise de tête, ça prend du temps et ça peut aussi parfois virer à l'orage. On fait comme si on avait le même programme futur. Mais quand on vit à deux ou tout comme, c'est normal de ne pas voir l'avenir de la même façon. Le meilleur moyen pour éviter les malentendus ou, pire, les décrochages en cours de route, c'est d'expliquer les priorités. Vous voulez d'abord avoir un bon job, ensuite un bébé. Vous avez une urgence de bébé, tant pis pour votre carrière. Dites-le et redites-le chaque fois que vous sentez une dérive dans votre programme commun. Votre compagnon a ses propres obligations, ses propres objectifs. Ils ne sont pas forcément synchrones avec les vôtres. Vous devez expliquer pour concilier.

Galipettes

Vivre une passion physique

Vous êtes tranquille sur la plage, occupée à faire dorer vos rondeurs pile et face. Soudain, un choc, un ballon qui vient rebondir mollement sur vos fesses. Vous levez les yeux, déjà furieuse, prête à incendier le crétin qui… Et là : de nouveau le choc. Le crétin en question, un mâle modèle standard qui vous dit « Pardon » avec deux grands yeux bleus innocents, vous retourne les sens. Il n'est pourtant pas plus sexy qu'un autre, vous n'êtes pas particulièrement en manque sexuel, mais, Dieu (ou le Diable) sait pourquoi, vous n'avez qu'une envie : l'entraîner derrière une dune. Mais, bon, la raison l'emporte. Vous le laissez repartir jouer à sa ba-balle. Normal. Une passion physique, cela peut mener très loin. Et très loin (trop loin ?), c'est l'inconnu : le monde des merveilles ou le musée des horreurs. Comment savoir ? Vous craquez et vous vous embarquez pour un voyage au bout de l'enfer. Vous n'osez pas et vous ratez le train pour le paradis. Une chose est sûre : vous ne pouvez pas connaître le goût de la pomme avant de l'avoir goûtée. Après, c'est trop tard ? Pas forcément. Une passion physique, c'est comme un T.G.V. Ça ne déraille que si on ne sait pas comment ça marche, que s'il n'y a pas un pilote dans la machine (désirante). Alors si vous voulez aller jusqu'au bout du plaisir et de la jouissance, connaître les extases divines de sainte Thérèse d'Avila ou le dérèglement de tous les sens d'Arthur Rimbaud, sans vous électrocuter le cerveau, respectez quelques règles.

Ne mélangez pas tout

Une passion, c'est d'abord du corps. Si tous les physiques ne sont pas passionnants, toutes les passions, et pas seulement les sexuelles, sont forcément physiques. C'est d'ailleurs ce qui définit une passion. Celle du Christ comme celle du collectionneur de miniatures persanes, du taxidermiste ou du globe-trotter. Une passion, cela mobilise tous les sens. Ça passe par les yeux, les oreilles, la peau, la langue. Et même le nez, si l'on en croit Jean-Didier Vincent, l'auteur de *La Biologie des passions* (éditions Odile Jacob). Non seulement les odeurs qu'on sent – celles qui nous font dire « J'adore ton odeur » –, mais aussi celles qui sont au-dessous de notre seuil de perception olfactif. On dégage tous des phéromones (ces sécrétions glandulaires qui servent aux insectes pour communiquer). Ce qui expliquerait qu'on soit parfois violemment (et subitement) attiré par quelqu'un qu'on ne connaît ou qui ne nous plaît même pas. Ou le contraire, quand on est vaguement dégoûté ou mal à l'aise avec quelqu'un, sans savoir pourquoi. Alors, quand vous êtes à la limite de craquer, quand vous craquez, dites-vous bien que c'est d'abord de votre corps qu'il s'agit. Vous pouvez vous raconter une histoire d'amour pour vous donner le courage d'oser ou pour que ce soit plus glamour, mais ne soyez pas dupe.

Posez d'emblée vos limites

Les mécanismes neurophysiologiques qui déclenchent le désir, les mécanismes cérébraux impliqués dans la curiosité et l'intérêt sexuels, les hormones du plaisir sont aujourd'hui assez bien connus. Que vous craquiez pour une énorme glace au chocolat avec une masse de chantilly semée d'un effilé d'amandes grillées ou pour le corps velouté (il sent bon le sable chaud) d'un surfeur hawaiien, cela se passe de la même manière. Votre cerveau fabrique diverses substances hormonales qui modifient votre équilibre organique et psychique. Vous vous faites un petit plaisir ou un grand orgasme, un flot d'endorphines vous envahit. Immédiatement, vous vous sentez mieux dans votre peau, plus détendue, plus sereine. Finis les angoisses, le stress, les peurs ou les douleurs (si avant vous aviez mal au ventre ou au dos). Une passion physique, que ce soit pour un mec ou pour le saut en parachute, c'est d'abord du plaisir concentré, à l'état pur. Il n'y a rien de mieux pour se lifter le moral, se refaire une santé ou se doper l'optimisme. C'est pour ça que c'est si tentant et si prenant. Évidemment, il y a un *hic*. C'est tellement bon que vous risquez de ne plus pouvoir vous en passer. Pas grave si vous en avez les moyens, si ça ne dépend que de vous. Plus compliqué quand il s'agit de sexe parce que vous êtes deux. Et parfois dangereux. Vous pouvez vous retrouver dans des situations, vivre des expériences qui vous laissent un goût amer. Le moyen pour éviter cela : posez d'emblée vos limites. Ne dites pas oui à tout. Vous pouvez être d'accord pour grimper au septième ciel au 3e étage de la tour Eiffel, mais pas forcément pour tomber dans l'échangisme ou le SM.

Décrochez si la frustration est plus grande que le plaisir.

La passion, c'est comme une drogue. Et pas une drogue douce... On a vu des colombophiles voler pour se procurer le pigeon rare de leur fantasme. Comme un héroïnomane qui casse une pharmacie pour se fournir. C'est pourtant doux, un colombophile ! Une passion physique fonctionne de la même manière qu'une drogue dure. Ça commence toujours par un flash, une explosion de tous les sens, une liquéfaction hormonale. Au début, c'est bon, extraordinairement bon et (presque) inoffensif. Après, pour que ça reste aussi bon, vous êtes obligée d'augmenter les doses. Vous devenez vite accro à votre passion, dépendante physiquement. Vous payez votre plaisir son poids d'angoisse. Vous avez peur d'être en manque, vous êtes tout le temps en manque. La solution pour vous épargner ce genre de déboires : décrochez dès que vous sentez que votre passion n'est pas payée de retour. Si un homme vous frustre, se fait désirer, allez jouer ailleurs, par exemple dans d'autres bras : c'est encore ce qu'on a trouvé de mieux pour relativiser.

Sept bonnes raisons pour craquer

On en meurt d'envie parfois, mais on rate souvent le train par peur d'aller trop loin. Être accro rien que pour le sexe, on n'ose pas. Mais le voyage peut en valoir la peine... Sept bonnes raisons pour ne pas rester à quai.

C'EST UNE EXPÉRIENCE

Surtout si vous n'êtes pas une allumée du sexe. Vous croyez tout savoir, ne plus rien avoir à apprendre. Faux. En général, vous refaites toujours la même chose, vous vous limitez aux mêmes sensations. Une bonne passion physique, ça fait aller plus loin dans le plaisir, la jouissance. Mais, surtout, ça vous apprend la vie. En donnant plus, en recevant plus, vous pouvez découvrir une infinité de choses sur vous-même, vos sentiments, vos émotions, vos fantasmes.

ÇA APPRIVOISE L'ANIMAL QUI EST EN VOUS

En chacun de nous, il y a une bête qui sommeille. Quand vous la laissez dormir, quand vous refoulez votre part animale, elle vous fait faire des cauchemars. La peur de la vie, la peur des autres, c'est d'abord la peur de soi-même, de la sauvagerie que vous sentez parfois au plus profond de vous. Une bonne passion physique, ça fait sortir la bête. Quand elle sort, vous pouvez l'apprivoiser, la domestiquer. Vous devenez moins timide, plus forte.

C'est gourmand

Aujourd'hui, on est envahi de faux plaisirs. On consomme light, 3 en 1, virtuel, toc, l'Afrique à la télé ou le Louvre en CD-Rom, du factice, des images plutôt que des réalités. Tout cela évidemment nous laisse sur notre faim. On se sent rarement rassasié, pleinement satisfait. Alors, on surconsomme, on multiplie les faux plaisirs ; on devient boulimique, *fashion victim*, etc. Une bonne passion physique, c'est gourmand, réel, tangible. Ça donne de vraies satisfactions et ça laisse de vrais souvenirs.

C'est généreux

Plus un plaisir est égoïste, plus il est petit. Ce qui donne leur vraie valeur aux choses, aux expériences, ce sont les autres. Vous pouvez avoir les moyens de faire une virée à New York toute seule, l'envie de vous faire une toile, mais franchement à quoi ça rime si vous n'avez pas quelqu'un près de vous pour partager. Une bonne passion physique, ça se vit à deux. Vous êtes accro, mais l'autre l'est aussi. C'est un échange, un dialogue. D'ailleurs quand ce n'est pas réciproque, ou que ça ne l'est plus, c'est mauvais signe. Vous êtes en plein fantasme ou en train de vous faire manipuler.

Ça appelle un chat un chat

Souvent, vous refusez de vous abandonner à une passion physique, parce que vous avez peur de déraper dans des extrêmes que vous regretterez plus tard. Par exemple, qu'un amant vous entraîne dans une relation sadomaso. Mais si vous en arrivez là, à faire des choses pour lesquelles vous n'avez pas de goût, c'est qu'au départ vous vous racontez des histoires. C'est féminin. À la différence des hommes, vous avez besoin de sublimer, d'aimer ou d'imaginer de l'amour, pour passer à l'acte. Et vous prenez souvent pour de l'amour ce qui n'est qu'une très forte attirance sexuelle. Et vous basculez parfois dans des excès au motif que le romantique excuse tout. Sachez qu'une bonne passion physique, ça appelle un chat un chat. C'est du sensuel et du sexuel brut. Ça n'empêche pas des sentiments mineurs, mais ça ne rend pas aveugle : vous restez capable de dire « Non ».

C'est moral

Vous avez parfois peur de céder à une passion physique en pensant que c'est immoral. Vous avez tort. Une bonne passion physique, c'est très moral au contraire. En laissant parler vos sens, vos émotions, vous civilisez vos instincts. Et cela vous oblige à ne plus tricher avec vos sensations et vos sentiments. Plus vraie avec vous-même, vous vous ouvrez beaucoup plus aux autres. Vous comprenez mieux comment ils fonctionnent, vous apprenez à voir sous le vernis. Vous devenez plus tolérante et, en même temps, vous avez un meilleur jugement.

Ce n'est pas le Grand Amour : après, c'est moins triste

Une passion physique, cela peut devenir un Grand Amour, mais, franchement, c'est rare. C'est là toute la différence entre passion physique et passion amoureuse. Une passion amoureuse, cela se transforme naturellement en amour tout court. Une bonne passion physique, quand vous avez fait le tour des sens, vous n'avez plus rien à vous dire et plus grand-chose à faire ensemble. Chacun reprend son corps et sa vie. D'ailleurs, en cas de sevrage brutal, vous vous en remettez beaucoup plus facilement que d'un chagrin d'amour. Quand c'est juste physique, l'organisme revient automatiquement et assez rapidement (non stimulé par la présence de l'autre, le niveau d'endorphines baisse) à son état d'équilibre initial.

SOS Princes charmants

Vous l'avez rêvé, attendu pendant des années. Un beau jour, il surgit dans votre vie. Vous tombez raide dingue de votre Prince charmant. Vous l'amenez *piano* (ou *fortissimo*) dans votre lit : l'horreur ! Votre superman est sexuellement un cauchemar. Il ne sait pas vous « prendre » (ni vous ni personne d'ailleurs). Un autre, vous le fuiriez immédiatement. Lui, vous avez envie de le garder sans pour autant vous résigner à une vie sexuelle tristounette ou éprouvante. Ça veut dire refaire toute son éducation. Objectif : un amant convenable. Vous pouvez y arriver si vous ne souffrez pas d'un mâle incurable. Ça dépend de son profil et de votre persévérance.

L'Obsédé

Il se trimballe avec une érection à peu près constante. Il a besoin de faire l'amour au minimum trois fois par jour, sabbat et jour du Seigneur compris. Sinon, il devient neurasthénique. Pour une femme, c'est l'enfer. Le pire, avec lui, c'est qu'il est comme un drogué : obligé d'augmenter les doses. Plus il fait l'amour, plus il a besoin de le faire. Les cas pathologiques « montent » à 7-9 fois par jour. Aucune femme normale, à moins d'être nympho, ne peut tenir le choc. Même celles qui sont de très bonne volonté.

SON PROBLÈME

Une personne normale perd (momentanément) son désir quand celui-ci est satisfait. Chez lui, l'apparent « plus » cache un « moins », une insatisfaction permanente qui l'oblige à la répétition. Il se donne ainsi l'impression d'être très puissant sexuellement. En fait, il lutte contre sa peur de la perte d'amour. Il cherche moins le plaisir (encore moins le vôtre) qu'à se débarrasser d'une tension douloureuse insupportable pour éviter d'être déprimé. Les obsédés sont des « fatigués » chroniques.

VOS REMÈDES

Ne le privez pas. En lui disant non, vous rajoutez une nouvelle frustration à ses frustrations initiales. Pour diminuer la fréquence de vos rapports, vous devez lui trouver des plaisirs (décharges) de substitution. En général, ceux de la table marchent bien. Le ventre plein, il est plus apaisé. Mettez-le plus souvent en mode digestion. Au moins trois repas par jour, toujours très copieux. Supprimez les excitants, café, alcool, tabac, ils exacerbent sa libido, et remplacez par un régime lait chaud/chocolat plus lénifiant. Le lait chaud réactivera les sentiments de sécurité et de satisfaction que sa maman lui procurait quand il était bébé. Le chocolat est un très bon régulateur de l'affectivité. Prenez aussi l'initiative de vos rapports. Sortez de votre rôle passif. N'attendez pas qu'il soit en manque. Vous pouvez combattre le feu par le feu. Les maîtres pâtissiers font pareil avec leurs nouveaux apprentis. Ils les laissent, ils les encouragent à s'empiffrer de charlottes, de babas au rhum et de religieuses. Après, écœurés, ils ne piochent plus dans les rayons. Gavez-le de sexe jusqu'à ce qu'il dise pouce. Au fond, c'est un affectif qui a peur de la pénurie. En faisant régner l'abondance, vous le rassurez. Plus il sera sûr de votre amour, de votre désir pour lui, moins il aura besoin de vous prouver les siens.

Le Marathonien

Les petits caprices rapides, l'orgasme vite fait entre deux éclats de rire, il ne connaît pas. Avec lui, toutes les parties de plaisir virent aux travaux forcés. Il croit que plus c'est long, plus c'est bon. Évidemment sérieux. On sent qu'il s'applique. Il ne veut pas décevoir. Vous espérez qu'il va vous accompagner dans vos premières jouissances. Vous découvrez la solitude de l'orgasmeuse de fond. Quand enfin il se lâche, ça fait longtemps que vous avez décroché.

Son problème

Il a peur de l'orgasme (le sien), de perdre le contrôle. L'impression de se fondre dans l'autre, de perdre son individualité le panique. Souvent, d'ailleurs, quand il jouit, il a des sensations de suffocation (il tousse), d'éclatement. Il se crispe au lieu de se détendre. En fait, il a besoin de performances érotiques pour compenser un profond sentiment d'infériorité, lutter contre une angoisse de la castration. Il ne fait pas l'amour, il prend le pouvoir.

Vos remèdes

Difficile de le changer. Avec vous (ou une autre), il se venge de toutes les femmes qui échouent à le détendre. Plus ça dure longtemps, plus il vous punit. Ou alors, il se désintéresse dès qu'il vous a « possédée » et se tourne vers d'autres femmes pour se procurer de nouvelles satisfactions d'amour-propre. Si vous l'aimez beaucoup, vous pouvez quand même y arriver. La solution, c'est de développer la tendresse. Son « trop » sexuel, c'est un « pas assez » de tendresse. Pour le garder (fidèle) et écourter ses prestations, vous devez le materner, le bichonner genre *jewish mama* ou Italienne. Au début, il aura du mal à se laisser faire (toujours le contrôle). Au bout d'un moment, il apprendra à se laisser aller. Surtout si vous le touchez tout le temps. Il n'a pas été assez câliné dans son enfance, et il est très en retard de caresses. Le chemin de son cœur, la clef de sa sexualité passent par sa peau. En le couvrant de caresses, vous finirez par l'amadouer. Vous en faites un amant vrai.

Le Petit Lapin

Ce n'est pas un éjaculateur précoce, mais c'est tout comme. Il passe rarement plus de quelques minutes sur vos hanches. Parfois, il fait durer un peu plus les préliminaires pour compenser (en général, c'est un tendre). Parfois, il « double » au bout d'un moment (variable selon l'âge de la bête et ses motivations). Souvent, il vous laisse un peu, passionnément, frustrée, au bord ou très loin de vos jouissances. Même si vous n'êtes pas du genre tortue, il vous sème toujours dans vos plaisirs. Souvent le Petit Lapin est moins désespérant. Il a conscience qu'il est nettement au-dessous des normes. Il raffine les préliminaires pour se faire pardonner d'avance. À l'arrivée, c'est d'autant plus frustrant.

Son problème

Il a honte de ses pulsions sexuelles et peur de ses pulsions agressives. Chaque fois qu'il fait l'amour à une femme, il imagine (inconsciemment) le faire à sa maman. C'est pour ça qu'il doit en finir le plus vite possible. Pour lui, désirer votre jouissance, vous y amener, c'est comme commettre un inceste, désirer et accomplir la mort du père. Il ne doit pas, il ne peut pas y réussir. En écourtant, il réduit l'angoisse. À l'opposé du Marathonien, il pratique le « laisser couler », la reddition passive, l'abandon de contrôle.

Vos remèdes

Sa sexualité est très infantile, il n'est pas encore arrivé au stade phallique. Ses centres érogènes sont d'ailleurs déplacés du pénis lui-même à la racine de la verge. Il ne sent pas vraiment son pénis, c'est pour ça qu'il a du mal à se contrôler. Toute une rééducation à refaire si vous voulez le faire durer, arriver avec lui à des amours plus épanouissantes. Souvent, le Petit

Lapin est un rapide, il fait les choses à la sauvette, parce qu'on lui a interdit de toucher son sexe quand il était enfant. Il a eu honte de se masturber, il s'est senti coupable. Encouragez-le à se toucher, à prendre son sexe et son temps. Apprenez-lui à jouer sans honte. Il a besoin d'en passer par là pour se réapproprier son phallus. Vous pouvez l'aider également en vous mettant sur lui pour faire l'amour. Dans cette position, il lui est plus facile de se contrôler, il dure plus longtemps. Parlez-lui aussi pendant vos rapports. Ça les dédramatise et ça le rassure.

L'Endormi

Il n'en a pas très envie ou très (trop) rarement. Les tenues les plus provocantes, les invitations les plus brûlantes le laissent souvent de marbre. Le temps de passer vos sept voiles ou de vous laver les dents, il s'endort (au propre) sur le canapé devant la télé. Bizarre. Dehors, dans son job ou en boîte, il est hyperactif. À la maison, il redevient un légume. L'Endormi, on ne sait jamais s'il est handicapé parce qu'il a des oreillers à la place des hormones, ou s'il est de mauvaise volonté. On se demande pourquoi il n'a pas envie d'avoir envie. En tout cas, il a besoin d'être stimulé. Le désir de l'Endormi, c'est beaucoup comme les *Tartares* dans *Le Désert (des)* de Buzzati : il n'arrive jamais.

Son problème

L'Endormi fait (inconsciemment) tout pour éviter de passer à l'acte. Il bloque tout ce qui pourrait l'exciter sexuellement. Il travaille trop (et/ou il s'amuse trop). Il se fixe sur sa télé ou ses bouquins. Il évoque la fatigue, le stress, les enfants, le manque de temps, etc. En fait, il renonce au plaisir sexuel parce qu'il croit que ce plaisir est source de danger (castration, perte d'affection, etc.). En général, il compense à l'extérieur, dans d'autres activités, sportives ou culturelles (il a de l'énergie à revendre). Et il fuit dans la tendresse ou le sommeil.

Vos remèdes

Chez l'Endormi, la sensualité et la tendresse sont souvent dissociées. Plus il aime, moins il a de désir. Avec lui, les stimulations habituelles deviennent rapidement inefficaces. Il a besoin d'un traitement de choc. Pour rallumer ses feux, vous pouvez le « prendre » par les sens ou en douceur. Par les sens, en profitant systématiquement (vous devez maintenir la pression) de son érection matinale (celle-là, il n'y peut rien). Le principe étant celui de l'appétit qui vient en mangeant. N'hésitez pas à le harceler, il finira par aimer. Deuxième manière : la douceur, à appliquer simultanément. Ses vertus thérapeutiques sont plus durables. Vous devez l'apprivoiser. Il ne faut pas qu'il ressente votre envie de lui comme une contrainte, un passage obligé. Au fond, l'Endormi est resté au stade de l'enfant qui se demande en pensant à l'acte sexuel : est-ce que ça fait mal, est-ce qu'on peut se retirer facilement ? Rassurez-le. Faites comme avec les enfants qu'on doit opérer. Racontez-lui en détail (et avec délicatesse) toutes les douceurs que vous allez lui faire « subir ».

Le Monomaniaque

Il ne peut faire l'amour qu'avec certaines femmes, que dans certaines conditions ou que d'une certaine manière. Des premières approches à la « consommation », il rejoue sans cesse le même scénario unique. Il répète indéfiniment les mêmes attitudes, les mêmes gestes, les mêmes propos, vous repasse le même programme jusqu'à la nausée. La variété, la fantaisie, le hors-piste, il ne connaît pas. Et, souvent, il perd tous ses moyens quand vous tentez des figures libres.

Son problème

Il n'a pas coupé le cordon ombilical. Il est encore très attaché sensuellement à sa mère. D'un côté, aucune femme ne l'attire complètement sexuellement parce qu'elle n'est pas sa mère. De l'autre, toutes les femmes représentent inconsciemment sa maman. Alors, il ne s'implique pas, il ne se lie pas vraiment. Il fait « comme si », il ne se donne pas. Il a peur de s'attacher affectivement. Il contient son désir, son excitation, dans des limites définies une fois pour toutes. Il n'est « puissant » (opérationnel) que dans ces conditions.

Vos remèdes

Sorti de son scénario, il est perdu. En plus, il ne supporte pas les femmes « actives ». Ça va être très dur de le faire changer d'habitudes. Plus facile, s'il est tout frais émoulu de l'adolescence ou tout comme. Presque impossible (ou miraculeux), s'il navigue depuis trop longtemps. À part la fuite, il vous reste la patience.

D'abord, le mettre au régime sec. Plus vous lui faites l'amour, plus vous l'ancrez dans ses mauvaises manies. Ensuite, parler. Lui expliquer que toutes les femmes ne sont pas pareilles. Bon, d'accord, il y a des zones érogènes (faites des concessions), mais vous, vous êtes plus sensible ici que là, comme ci que comme ça. Donnez-lui votre propre « notice » du plaisir. Détaillez-lui votre Carte du Tendre. Ensuite, seulement, vous pouvez revenir à des travaux plus pratiques. À la longue, il finira bien par retrouver le chemin de son corps, de ses sentiments, et des vôtres.

Jouir sans s'énerver

C'est rarement l'extase quand vous êtes dans les bras de votre compagnon. Parfois jamais. Vous pensez souvent : « Ça pourrait être mieux si j'étais moins ceci ou cela ou un peu plus comme ci ou comme ça. » Vous ne pouvez pas vous dire que c'est la faute de votre homme. Avec les autres, ça n'était pas mieux et souvent pire. Pourquoi tant d'insatisfactions dans votre vie sexuelle ? Hélène Deutsch, une psychanalyste célèbre, pense que c'est parce que « la femme possède deux organes sexuels (vous en avez de la veine), de sorte qu'elle est dans la situation de l'âne de Buridan qui mourut d'inanition, à cause de son indécision entre deux râteliers bien garnis (le clitoris et le vagin) ; possédant deux organes, la femme reste souvent sexuellement insatisfaite ». Mais ça n'est pas une fatalité. Vous pouvez vous reprogrammer sur

« sexuellement satisfaite » en y mettant un peu de bonne volonté. Surtout que deux sexes, non seulement ça double les possibilités, mais ça permet aussi de varier à l'infini les plaisirs.

« Je n'y arrive pas »

L'orgasme, ça n'arrive qu'aux autres. Vous avez tout essayé : les 529 positions du Kama-Sutra, les cours accélérés d'amour tantrique, la recherche du point G perdu, les changements d'amant, l'acharnement clitoridien. Rien n'y fait. Physiologiquement, tout marche bien. Votre gynéco vous l'a assuré. Mais le plaisir ne vous monte pas à la tête. Vous ne la perdez jamais. Parfois vous faites semblant. Mais uniquement pour faire plaisir à votre compagnon. Ou pour en finir un peu plus vite. Au bout d'un moment, ça vous mine de ne rien ressentir ou si peu, d'être toujours déçue dans votre attente.

Quoi faire ?

Vous faites partie des 30 % de femmes qui se plaignent en Europe et aux États-Unis de ne pas avoir d'orgasme. Une absence d'orgasme généralement due (quand on a éliminé d'éventuels troubles physiques) à des inhibitions psychologiques. Ça peut être un complexe d'Œdipe mal surmonté. Inconsciemment, vous avez chaque fois l'impression de faire l'amour avec votre père. Donc, pas question de jouir. Ou la peur de perdre les pédales si vous vous laissez aller. Peur de devenir folle, de ne plus « revenir », d'uriner involontairement, de blesser votre compagnon, etc. Ou un refus de se donner complètement. Votre corps d'accord, mais pas votre âme. Il n'y a rien à faire, sauf à vous lancer dans une psychothérapie longue et compliquée. Une chose tout de même. Oubliez l'orgasme. Plus vous vous obsédez « orgasme », moins vous avez de chances d'y arriver. L'orgasme, c'est comme l'amour, ça vous tombe dessus quand on ne s'y attend pas. Alors, n'y pensez plus. Cherchez plutôt à vous faire plaisir et à faire plaisir à votre compagnon. Recentrez-vous sur vos sensations immédiates. Elles vous entraîneront spontanément vers d'autres jouissances.

« Je jouis tout de suite »

Ça, c'est vraiment affreux. À peine on vous touche et, pouf, vous explosez de plaisir. Passe encore avec un amant de passage. Il vous prend pour une bombe sexuelle ou se croit irrésistible. Ça flatte ses plaisirs ou son ego. Avec votre « régulier », c'est plus pénible. Il vient à peine de commencer, vous avez déjà fini. Vous avez envie de dormir, de prendre une douche ou d'aller faire une virée dans votre frigo, il en est encore aux préliminaires. Le reste du temps (forcément, il en reste), vous êtes obligée de subir. Si votre chéri est du genre « plus c'est long, plus c'est bon », votre vie sexuelle devient un calvaire.

Quoi faire ?

Normalement, après la puberté, avec les premières expériences sexuelles, une partie de l'excitabilité se déplace spontanément (et peu à peu) du clitoris au vagin. Chez vous, ce transfert ne s'est pas fait du tout ou pas suffisamment. Votre premier sexe reste l'organe central. Vous n'êtes pas la seule dans ce cas. 60 % des femmes reconnaissent qu'elles ne peuvent avoir d'orgasme sans stimulation clitoridienne. « Techniquement », c'est un problème de déséquilibre des zones érogènes. Psychologiquement, c'est une sorte de fuite en avant. Inconsciemment, votre *deal* c'est : « En jouissant tout de suite, j'évite les désagréments de la pénétration. » La solution consiste à tout reprendre de zéro pour transférer une partie de l'excitation extérieure vers l'intérieur. Pour cela, vous devez vous « servir » un peu moins de votre premier sexe, un peu plus du second. De cette façon, vous arriverez progressivement à rééquilibrer vos zones érogènes.

« Je ne peux que d'une seule façon »

Le septième ciel, vous en êtes capable, mais que dans certaines conditions physiques ou psychologiques. Par exemple, seulement dans des lieux publics si vous risquez d'être aperçue (transgression de l'interdit). Ou seulement devant une glace en inventant (et en guidant) des scénarios (dédramatisation du rapport sexuel, ça n'est pas sérieux, ça n'est qu'un jeu). Ou uniquement avec des hommes mariés, des semi-inconnus, des grands singes velus, des ados imberbes, etc. Ou alors à condition de ne pas embrasser sur la bouche (refus d'une vraie intimité comme les prostituées), de ne pas toucher ou presque pas votre partenaire (acceptation de l'autre seulement comme objet sexuel), d'être toujours dessus (refus de votre féminité), de sucer votre pouce, etc. Ça peut être charmant, très excitant, pour des amours de rencontre. Ça devient compliqué dans le cadre d'une vie à deux.

QUOI FAIRE ?

Le problème chez vous, c'est le cloisonnement. Dans votre inconscient sexe = interdit, toute activité sexuelle est en soi transgression, comporte un risque que vous devez courir et maîtriser. Vous ne pouvez accéder au plaisir que si vous avez l'impression d'avoir le contrôle de la situation. Vous avez besoin de mettre des barrières entre vos plaisirs et le reste de l'existence. Ça va souvent avec une certaine désimplication sentimentale. Vous pouvez parfois désirer un homme que vous n'aimez pas. Ou le contraire. Dans ce cas, la solution, c'est de rompre avec votre routine sexuelle. Ne vous contentez pas de ce qui vous fait d'habitude grimper au ciel. Interdisez-vous la facilité. Ça vous frustrera un peu. Mais une bonne frustration est en soi très stimulante. Elle vous permettra de découvrir et d'ouvrir d'autres voies à vos plaisirs.

« J'ai tout le temps envie »

Affamée. Vous êtes toujours en manque d'homme. Deux semaines sans faire l'amour, vous avez l'impression que c'est quatorze ans passés chez les carmélites. Un exploit auquel vous ne voulez même pas songer. Évidemment, vous avez besoin de séduire.

Avec vous ça ne traîne pas. Quand vous avez envie, vous n'attendez pas trois heures pour faire des propositions indécentes. Pas gênée pour passer à l'acte, très décomplexée. Plutôt plusieurs fois qu'une : vous n'en avez jamais assez. Au début, le compagnon de votre vie prend ça pour un effet de la passion. Après, quand il se rend compte que c'est votre vitesse de croisière, il craque. Trois fois par jour, tous les jours, c'est trop. Il se sent coupable de ne pas assurer. Vous êtes parfois tentée d'aller voir ailleurs pour le laisser souffler.

Quoi faire ?

Normalement, on n'a plus envie (momentanément) après avoir fait vraiment l'amour. Chez vous, l'excitation est très forte mais sans jamais de détente profonde. Vous éprouvez du plaisir, mais pas de réelle satisfaction. D'où l'obligation de répétition. Avec en plus un côté accoutumance comme dans la drogue. Plus vous faites l'amour, plus vous êtes frustrée et forcée de recommencer. Un cercle plus infernal que vicieux. En fait, vos désirs amoureux ne sont pas de vrais désirs sexuels. En faisant l'amour (souvent), vous cherchez d'abord à vous rassurer d'un point de vue narcissique, à vous prouver que vous êtes séduisante, désirable et désirée. Pour sortir de cette impasse, vous devez faire l'expérience de la chasteté, espacer vos rapports, remplacer aussi souvent que possible le sexe par les câlins. C'est seulement après que vous pourrez refaire l'amour sur de nouvelles bases. Au début, ça peut être un peu frustrant. Vous vous sentirez parfois tiraillée par vos besoins sexuels. Mais la tendresse, les sentiments de votre compagnon vous procureront très vite les réassurances narcissiques dont vous avez besoin.

« Je n'ai jamais envie »

Rien que d'y penser (au sexe), ça vous paralyse. Dans vos périodes de célibat, vous évitez de passer à l'acte plus ou moins consciemment. Vous avouez une certaine aversion, un manque d'intérêt, les risques de Sida, un job trop prenant. Comme par hasard, vous ne rencontrez pas d'homme qui vous plaise vraiment. Vous voyez toujours le détail qui tue, vous dissuade de pousser plus loin. De temps en temps, vous avez peur de finir vieille fille ascendant croûton mais, bon, vous vous inventez d'autres satisfactions. Vous devenez accro au boulot (et au succès), boulimique de lectures, affamée du tout culturel, etc. En couple, c'est plus embêtant. Vous pensez « Je l'aime, je le veux », mais vous n'avez jamais le temps, l'énergie. Vous faites partie des 10 % de Françaises qui se disent indifférentes à tout rapport sexuel, des 5 % qui se plaignent de faire l'amour plus souvent qu'elles n'en ont envie, de la masse qui se résigne à ne pas avoir envie d'avoir envie.

Quoi faire ?

Dans votre inconscient, toute activité sexuelle représente un risque. Ça peut être la peur d'être blessée physiquement. Ou un problème d'éducation. On vous a conditionnée sur le thème : sexualité = danger.

Parfois une première expérience (défloration) traumatisante. L'abstinence ne vous réussit pas : vous avez de moins en moins envie d'avoir envie, vous vous trouvez de moins en moins séduisante. Mais le sexe pour le sexe non plus : ça renforce vos blocages. Ne vous forcez pas pour faire plaisir ou pour faire comme tout le monde. Vous ne pouvez renouer avec le désir et le plaisir qu'en passant par la tendresse. Privilégiez les approches de séduction, la douceur, les préliminaires. Prenez votre temps, ne soyez pas hantés (ni vous ni votre compagnon) par l'« obligation du coït ». Dédramatisez. Prenez l'amour comme un jeu. Après... L'appétit vient en mangeant.

« Je suis trop lente »

Vous avez un gros retard à l'allumage, comme on dit à Kourou. Lente à émouvoir, longue à satisfaire. Vous avez souvent besoin de plusieurs heures pour vous laisser aller. Ne parlons pas des amants modèle Petit Lapin avec qui rien n'est possible. Mais même avec un Marathonien, vous restez parfois en plan. Ça vous arrive de craquer parfois, mais seulement quand vous êtes épuisée physiquement ou moralement. Sinon vous résistez, vous ne laissez pas le plaisir vous envahir, la jouissance vous gagner. Dans votre couple, ça fait souvent problème. Votre homme culpabilise de ne pas pouvoir vous faire grimper aux murs. Vous, vous culpabilisez de ne pas vous donner plus, mieux. Et vous êtes souvent frustrée.

QUOI FAIRE ?

Dans votre imaginaire, la sexualité est marquée d'une manière négative. C'est souvent lié à une éducation morale ou religieuse trop stricte. Faire l'amour, c'est « mal faire ». De fait, toute activité sexuelle déclenche chez vous une anxiété. Votre lenteur, c'est de la force d'inertie. Ça veut dire : « J'ai du plaisir, un orgasme, mais ce n'est pas ma faute, je ne le fais pas exprès. » Vous pouvez désamorcer progressivement cette anxiété (un souci de vos propres réactions) en la déplaçant sur votre compagnon de jeux (érotiques). Soyez plus attentive à ses réactions, plus curieuse de son corps, plus soucieuse de sa sensibilité. C'est plus facile si vous apprenez d'abord en douceur, en privilégiant les longs préliminaires. N'entrez pas « brutalement » dans l'amour. Préparez-vous mentalement et physiquement (mettez-y du décorum, commencez par vous masser mutuellement, etc.).

« *J'ose pas* »

Au lit, vous déballez tous vos complexes. Vous avez du mal à vous mettre toute nue. Vous participez du bout des doigts, du bout des lèvres. Vous n'osez pas certaines caresses. Vous écourtez d'ailleurs souvent les préliminaires pour vous les éviter. Rien que d'y penser, ça vous angoisse. Quand vous vous forcez (pour être « normale » ou pour faire plaisir à votre homme), ça vous dégoûte un peu. Vous avouez parfois que c'est plus excitant, que vous êtes plus à l'aise (relativement) avec quelqu'un que vous connaissez à peine. Toutes vos inhibitions ressortent en force dans le cadre d'une relation amoureuse. Vous avez honte de vos pulsions, de vos désirs. Vous croyez (profondément) qu'en montrant à un homme le désir, l'envie que vous avez de lui, vous perdez l'amour, l'estime qu'il a pour vous.

Quoi faire ?

Pour vous, dans votre inconscient, le sexe, la sexualité, « c'est sale ». Toute activité sexuelle peut réactiver des sentiments de honte ou de dégoût. La difficulté, ici, c'est l'antagonisme entre les valeurs de sensualité et de tendresse. Vous n'arrivez pas à vivre les deux simultanément. Un engrenage dont vous ne pouvez sortir qu'en acceptant d'abord vos inhibitions. Faites une liste de tous vos interdits (motifs de honte ou de dégoût). Hiérarchisez-la du « moins » au « plus ». Ensuite, attaquez-vous au premier point de votre liste le « moins ». Commencez par en parler franchement avec votre compagnon. Vous ne pouvez pas vous en débarrasser toute seule. Ensuite, travaux pratiques. Objectif : transformer ses motifs de honte ou de dégoût en désir. C'est moins difficile que vous pourriez le croire. Nos inhibitions sont souvent des désirs refoulés. Le seul fait de pouvoir en parler librement a déjà en soi une vertu curative. Dès que vous en avez fini avec cette première inhibition, passez à la suivante. Vous mettrez peut-être quelques mois à faire le tour de votre liste, mais ça en vaut vraiment la peine.

Ne plus tricher avec le sexe

Cette nuit-là, quand François tente de l'embrasser sur la bouche, Marie a un sursaut involontaire de dégoût. Après, elle fait l'amour machinalement en se sentant vaguement coupable de ne pas ressentir grand-chose : « J'ai d'abord cru à une simple panne de désir, que j'étais trop préoccupée par mon nouveau job pour être vraiment réceptive. Je voyais régulièrement François depuis quatre ans et nos relations avaient toujours été très satisfaisantes sexuellement. »

À partir de ce moment-là, les rapports de Marie et François ont commencé à se dégrader. « Je me dégoûtais ; je n'arrivais même plus à me regarder nue dans une glace. Je ne me trouvais plus séduisante, désirable, malgré les paroles rassurantes de François. Mon corps me faisait honte ; je ne pouvais plus en attendre du plaisir. »

François était marié. Marie a pensé que c'était la raison de toutes leurs difficultés. Elle ne pouvait plus faire l'amour avec lui parce qu'elle ne voulait plus d'une relation fausse, sans espoir. Elle a largué François (quelques années plus tôt, c'était Joseph pour les mêmes raisons) en espérant retrouver auprès d'autres hommes l'estime de soi et le goût du plaisir.

« J'ai repris des dîners en ville, je me suis inscrite à Meetic. Mais je me suis très vite rendu compte que, dès qu'un garçon me plaisait, je faisais tout pour le décourager. Les rares fois où je suis passée à l'acte, ça a été un fiasco terrible. L'angoisse. Je ne comprenais plus ce qu'il m'arrivait. Je me découvrais à 31 ans complètement bloquée, frigide, alors que j'avais toujours adoré faire l'amour. »

La vie sexuelle de Marie a basculé. Avant, elle avait plutôt tendance à prendre l'initiative de ses plaisirs. Aujourd'hui, elle évite soigneusement toute activité sexuelle et se demande comment elle en est arrivée là. Elle ignore que, comme des millions d'autres femmes (et sans doute encore plus d'hommes), elle paie le prix d'une fausse sexualité. Jusqu'à présent, elle faisait, sans le savoir, semblant de faire l'amour pour ne pas faire vraiment l'amour. La pseudo-sexualité (pour lui donner son nom psy), c'est le Canada Dry du sexe. Elle a toutes les apparences d'une sexualité normale, mais elle poursuit des buts défensifs au lieu de satisfaire les pulsions sexuelles. Bref, on fait parfois d'autant plus l'amour qu'on a peur de le faire. Toute l'activité pseudo-sexuelle est centrée sur la recherche de l'excitation, d'un plaisir sans jouissance.

Don Juan et nymphomanes

Pourquoi tant de femmes et d'hommes se livrent-ils (en toute bonne foi) à des simulacres d'amour ? À quoi sert toute cette pseudo-activité sexuelle ? À l'origine, il y a toujours une angoisse sexuelle. La pseudo-sexualité sert d'abord à nier les inhibitions et à combattre les sentiments d'anxiété et de culpabilité liés à la sexualité. En passant à l'acte, le pseudo-sexuel cherche en fait à se rassurer d'un point de vue narcissique. Non, il n'a pas peur. Oui, il est capable d'assurer sexuellement. Dans ce cas, la pseudo-sexualité se traduit souvent par la multiplication des actes et/ou des partenaires sexuels. Le pseudo-sexuel se conduit d'une certaine manière comme un drogué. Accoutumé au plaisir, incapable d'une totale satisfaction sexuelle, il doit sans cesse augmenter les doses, renouveler les expériences, afin de combattre ses angoisses. Dans les cas les plus graves, pathologiques, on constate une hypersexualité : donjuanisme chez les hommes, nymphomanie chez les femmes.

« Toi, l'objet ! »

La pseudo-sexualité sert aussi à nier des tendances sexuelles déviantes en accentuant les comportements sexuels normaux. Une homosexualité latente, par exemple, sera souvent masquée (aux autres mais surtout à soi) par une attitude et un comportement sexuel hyperféminins ou hypermasculins pour les hommes. Dans tous les cas, on assiste à une surenchère dans l'apparence (look hypersexy ou hypermacho) et les conduites. Le pseudo-sexuel est souvent un homme (ou une femme) qui se vante de sa réussite sexuelle, de ses performances. Il revendique un pouvoir de séduction. Provocant, il utilise plus ou moins consciemment les autres comme des objets sexuels. Dans une relation, il reste le maître de ses plaisirs. C'est lui qui décide des où, quand, comment. Au premier abord, il peut paraître très amoureux, soucieux de la satisfaction de ses partenaires. En réalité, il a terriblement peur d'être rejeté, de ne pas assurer sexuellement.

Sexualités infantiles

Certains facteurs prédisposent à la pseudo-sexualité. À l'origine, on observe souvent une attitude négative à l'égard de la sexualité. Plus ou moins consciente, celle-ci peut s'expliquer par différentes raisons. La cause peut être une expérience particulière traumatisante. Par exemple, un enfant qui surprend ses parents en train de faire l'amour, un viol, un premier rapport très douloureux ou très nul... Ce peut être aussi la conséquence d'une éducation, d'une morale trop rigides. Difficile de faire vraiment l'amour quand on a été élevé dans la crainte du péché ou dans le dégoût de son propre corps. La pseudo-sexualité est parfois également provoquée par un conflit psychologique interne, un complexe, un œdipe mal résolu. La pseudo-sexualité de Marie, par exemple, s'explique de cette façon. L'amour qu'elle portait à son père dans son enfance était limité par la crainte d'une mère autoritaire, punitive. Depuis son adolescence, ses choix amoureux se sont fixés sur des hommes mariés. Elle joue d'habitude vis-à-vis d'eux un rôle maternel, amical, tendre. Elle s'efforce de ne pas représenter une menace pour leur couple. Elle ne menaçait pas non plus le couple parental. Marie aime ses amants du même amour coupable qu'elle éprouvait pour son père. Avec eux, elle s'autorise des plaisirs, mais elle s'interdit de construire une vraie vie de femme. Sa sexualité reste infantile. Elle continue, de bonne foi, à faire semblant. Elle ne s'implique pas totalement dans ses relations amoureuses. De là l'absence d'orgasme, la baisse ou l'extinction du désir dès que ses amours prennent une régularité trop conjugale.

Désirs en panne

Comme tous les paradis artificiels, la pseudo-sexualité n'a qu'un temps. Les comportements se forment à l'adolescence avec les premières expériences sexuelles, mais plus la vie passe, plus ils perdent en efficacité. D'abord, parce qu'ils mènent à l'échec toutes les relations. Au bout d'un moment, on se pose des questions. On a le sentiment vague de ne pas être complètement normal. On se sent incapable de bâtir une relation durable, de former un vrai couple, de créer une famille. À la longue, le seul plaisir ne suffit plus ; l'absence d'orgasme est perçue comme une frustration, un handicap. Les comportements faussement sexuels résistent mal en fait aux événements de la vie adulte. Le travail, la vie commune ne favorisent pas la pseudo-sexualité. Ils ont fréquemment pour conséquence une baisse du désir sexuel, voire un évitement à terme de toute activité sexuelle. Dans beaucoup de couples, la tendresse se substitue au désir. Comment dans ce cas retrouver une vraie sexualité ? Peut-on vraiment changer des comportements ancrés à ce point par l'angoisse et les habitudes ? La pseudo-sexualité étant une névrose, le recours à la psychanalyse peut paraître évident. Mais on peut aussi, sauf cas extrême, s'efforcer de renouer soi-même avec un désir vrai.

Identifier le « mal »

C'est d'autant plus facile qu'on identifie le « mal » le plus tôt possible. Certains symptômes sont révélateurs.

D'abord, l'absence de jouissance. 30 % des femmes n'ont pas d'orgasme. Autant d'hommes souffrent d'éjaculation précoce (sources DSM-IV, statistiques européennes et américaines) et près de deux hommes sur trois confondent éjaculation et orgasme. Autre symptôme significatif : la déconnexion entre l'affectivité et le sexe. On prend plus de plaisir dans des rapports « dépersonnalisés », non affectifs. Symptomatique aussi, une conduite sexuelle rigide. On est toujours attiré par le même type de partenaire avec qui l'on recrée, de la rencontre à la rupture, le même type de scénario. Dans ses rapports sexuels, on garde une attitude d'« observateur attentif » ; on s'autosurveille en permanence.

Se remettre en question

Il faut aussi être sincère avec soi-même et les autres. Vous devez avoir le courage de remettre en question toute votre sexualité, toutes vos idées du sexe et du plaisir, tous les comportements acquis que vous croyez naturels. L'idéal, c'est d'arriver à pouvoir en parler librement avec d'autres femmes. La pseudosexualité s'accompagnant toujours de sentiments de culpabilité, de honte, de frustration, le seul fait d'en parler, à condition de le faire honnêtement, peut vous permettre dans un premier temps de mieux comprendre la nature de vos réelles difficultés. La confrontation des expériences, même si l'autre a aussi des comportements pseudo-sexuels, peut apporter beaucoup. Ce n'est pas facile, même avec des intimes, car la pseudo-sexualité va souvent de pair avec une attitude fermée (on cache ses partenaires, on ne raconte rien) ou frimeuse (on exhibe les partenaires, on raconte trop).

Ne plus avoir peur

Être sincère, c'est aussi vous accepter telle que vous êtes. La fausse sexualité sert d'habitude à combattre les sentiments de peur ou d'infériorité liés à la sexualité. Il faut savoir accepter votre peur. Elle est tout à fait naturelle. La sexualité est d'abord une découverte de soi et de l'autre. Aller vers l'autre, c'est aller vers l'inconnu, c'est normal d'avoir peur. Une vraie sexualité, une vraie relation ne se précipitent pas. Il faut se donner le temps d'apprendre à se connaître si l'on espère une véritable relation amoureuse. Et s'interdire de passer à l'acte tant que l'on ne se sent pas capable de montrer sa vulnérabilité. Oser parler de ses peurs est essentiel, mais pas facile non plus. Il faut lutter contre l'image idéale qu'on a l'habitude de donner aux autres, sortir de l'engrenage de la séduction. La pseudo-sexualité est une sexualité narcissique où l'on séduit plus pour se rassurer soi-même que parce que l'autre nous plaît vraiment.

(Re)trouver une vraie sexualité

Le plus difficile quand on veut retrouver une sexualité vraie, c'est d'être capable de mettre fin à une ou des relations inauthentiques. La pseudo-sexualité étant une sexualité infantile, l'accès à une sexualité adulte passe nécessairement par une désintoxication du sexe. Point de salut possible sans traversée du désert. Cette période de chasteté, qui peut durer plusieurs mois, est indispensable à la maturation sexuelle. Il faut faire le deuil de ses relations pseudo-sexuelles. C'est souvent en se confrontant au manque, à la frustration, qu'on peut réellement élaborer de nouveaux comportements, retrouver les chemins de sa vraie sexualité.

Dérapages

Désamorcer les tensions

Agressifs, revanchards, de mauvaise foi, manipulateurs... Beaucoup d'hommes ont des comportements « caractériels » qui vous prennent la tête et vous compliquent l'existence. Devant eux, vous vous sentez désarmée, impuissante. Vous avez envie de baisser les bras ou de leur voler dans les plumes. Avec eux, il n'y a que des problèmes, rarement des solutions. Rien n'avance, rien ne se fait, tout naît dans la douleur. Ils ont le pouvoir de dire « non » et ils en abusent. Leurs « oui » cachent toujours des « mais » ou des « si », des « peut-être » et des « jamais ». À cause d'eux, l'enfer est pavé de bonnes intentions et la vie ressemble à un chemin de croix. Comment ne plus vous sentir malmenée, dévalorisée, submergée, frustrée ? Comment rester positive, constructive ? Comment garder votre bonne humeur et votre efficacité ? Pas simple en face d'un mauvais coucheur ou mauvais joueur. Pourtant, il existe des méthodes. Inspirées des techniques de vente ou de management. Parce que tout ça, finalement, se résume à des problèmes de comportement et de communication. Comme (presque) tout le reste, ça se gère. Vous ne pouvez pas éviter ce genre de comportements, mais vous pouvez apprendre à les neutraliser. Pour cela, vous devez respecter quelques règles élémentaires (elles valent dans tous les cas) et apprendre certaines stratégies pour faire face à tel ou tel comportement difficile.

Éviter les réactions négatives

Devant un comportement difficile, une agression (directe ou voilée), une tentative d'intimidation ou de manipulation, une obstruction ou une dérobade, la première chose à faire consiste à éviter les réactions négatives. En général, dans ce type de situation, on a tendance à devenir soi-même agressif ou alors à renoncer, à se résigner ou à ruser. Mais ni l'attaque, ni la soumission, ni l'hypocrisie ne sont de réelles solutions. En réagissant ainsi, vous pouvez sans doute affirmer (provisoirement) votre supériorité ou éviter (momentanément) les conflits. Après tout, pourquoi ne pas ignorer le comportement en question, répondre du tac au tac ou céder ? Mais ce type de réaction compromet toute relation future. Une réaction autoritaire (agressive), par exemple, peut obtenir des résultats à court terme. Votre interlocuteur peut (lui aussi) se laisser intimider, céder à la pression. À long terme pourtant, vous pouvez être sûre que le service demandé sera mal fait, vos projets retardés, vos efforts sabotés. Au pire, vous risquez de déclencher un processus d'escalade qui mène à une rupture plus ou moins brutale. Idem pour les réactions soumises. À court terme, un homme pensera peut-être que vous êtes bien sympathique. Mais il vous respectera de moins en moins et se fera un malin plaisir à exploiter vos faiblesses, vos complaisances ou vos « lâchetés ». En plus, une attitude permanente de soumission suscite souvent chez les autres des tendances agressives. Inutile donc de tendre le dos pour vous faire battre. Autre réaction négative : l'hypocrisie. Feindre des opinions, des sentiments que vous n'avez pas, flatter ou faire du chantage (à la sympathie, au charme...) pour obtenir ce que vous voulez, utiliser des tiers pour faire pression ou passer le message. Bien sûr, vous pouvez persuader un homme de penser ou de faire ce que vous voulez en lui faisant croire qu'ils en ont eu l'idée ou l'initiative. Mais, à long terme, il réalisera que vous l'avez manipulé (sauf si c'est un crétin fini) et vous en subirez les conséquences : représailles, perte de crédit, de confiance, etc.

Comprendre les causes

En fait, les TGO (très grands odieux) sont rares. Bien sûr, on trouve partout des petits machos, mégalos ou paranos de tout poil. Mais les vrais salauds, les traîtres ne courent pas les rues. En général, ce n'est pas un homme qui est en soi difficile, c'est son comportement. Souvent, on croit que ce comportement est une marque d'animosité, une volonté de nuire. C'est rarement le cas. La plupart des comportements difficiles masculins s'expliquent. Souvent par des raisons objectives. Divergence des personnalités, des valeurs, des intérêts. Différence d'appréciation des situations, des enjeux, des urgences. Les difficultés naissent généralement d'un désaccord sur les faits, les objectifs, les priorités. Ou alors de malentendus, d'une mauvaise interprétation des motivations et des intentions. Souvent, ce que l'on prend pour de l'entêtement chez l'autre, de l'hostilité ou de la mollesse, n'est en fait que l'expression de ses peurs ou de ses angoisses, d'un désarroi. Les comportements difficiles de nos-amis-les-hommes sont d'abord des manifestations défensives, autoprotectrices ou compensatoires. Ils cherchent à masquer, aux autres mais surtout à eux-mêmes, des sentiments de faiblesse ou d'insécurité personnels. De là, les coups qui volent parfois très bas, les sarcasmes ou les humiliations, les marques d'insensibilité ou les perfidies. Face à ce type d'attitudes, vous devez toujours aller au-delà des apparences, tenter de vous mettre à la place de l'autre pour comprendre ce qui est en jeu dans son comportement. Et puis, aussi, remettre en question vos propres attitudes. Réfléchissez aux hommes que vous trouvez difficiles. Pourquoi est-ce que ce sont souvent les mêmes dans les mêmes situations ? Pourquoi certains comportements masculins vous affectent-ils plus que d'autres ? En quoi, d'ailleurs, vos propres comportements sont-ils perçus, ressentis comme difficiles par certains hommes ? Face à quelqu'un de difficile, il ne faut jamais oublier qu'on peut l'être aussi soi-même (difficile) pour d'autres. D'où la nécessité de ne pas confondre une personne avec son comportement, d'isoler le comportement de la personne pour ne pas jeter le bébé avec l'eau du bain.

Adapter sa réponse

Les réactions négatives masculines auxquelles vous êtes le plus souvent confrontée prennent généralement trois formes : l'agression directe, le harcèlement systématique et la résistance passive. Pour contrer chacune de ces attitudes, il existe un certain nombre de techniques appropriées. Bien sûr, cela suppose, dans un premier temps, d'identifier d'une manière précise le comportement en question. Évident quand l'agression est directe, si un homme vous traite d'idiote, vous menace ou vous humilie. Beaucoup moins, quand l'attaque est ambiguë : « Finalement, ça ne te va pas si mal que ça, les minis », sous-entendu « Tu crois que tu peux avec tes fesses ? », la critique voilée : « J'ai l'impression que ça n'avance pas bien vite, non ? », sous-entendu « C'est ta faute ». Encore moins évident quand votre interlocuteur est en apparence bien disposé à votre égard, vous donne l'impression d'être compréhensif, est apparemment coopératif : « Promis, je m'en occupe dès demain. » Trois jours plus tard, trois semaines plus tard, rien : il a oublié. Pires que les promesses non tenues, les espoirs déçus, ces types de comportement diminuent votre estime de soi. Parfois, ils déclenchent des émotions et des réactions fortes, de colère ou de détresse. Mais, le plus souvent, leur influence est plus sournoise, plus minante pour le moral. Ils sèment le doute, la confusion, ils affaiblissent la confiance que vous avez en vous et vous font perdre vos repères. Au bout d'un moment, vous ne savez plus à quoi vous en tenir, vous ne comprenez plus ce qui se passe, vous ne savez plus sur qui compter, à quoi vous attendre. D'où la nécessité de ne pas vous tromper sur ces types de comportement, de les identifier clairement pour adapter votre attitude, votre « réponse » en conséquence.

S'excuser après un clash

Pas facile de faire œuvre de contrition quand on a dépassé les bornes. On a honte, on se sent coupable et, souvent, on en fait trop, trop vite, ou pas assez. Savoir s'excuser est tout un art ! Deux psychologues, Cynthia Frantz et Courtney Bennigson, de l'université d'Amherst dans le Massachusetts, ont demandé à leurs étudiants de raconter un conflit qui les avait opposés, durant les six derniers mois, à une personne de leur entourage. Les étudiants devaient exposer le motif de la dispute, expliquer en quoi ils avaient été offensés, au bout de combien de temps leur interlocuteur était venu s'excuser, et le degré de soulagement qui en avait découlé. Après avoir méticuleusement chiffré gravité du conflit, niveau de soulagement, temps écoulé entre l'incident et les excuses, ils ont montré que :

1. Il ne faut pas s'excuser trop tôt après un incident. L'effet de soulagement des excuses augmente avec le temps : des excuses faites trop rapidement après un incident laissent un sentiment de frustration, en revanche, celles qui viennent plus tard sont plus réconciliatrices.
2. Il faut d'abord laisser le temps à la personne d'exprimer sa colère, son ressentiment et sa frustration.

Les excuses ne sont vraiment efficaces (réparent, réconcilient) qu'à condition de reconnaître toute l'étendue de l'offense, de ses torts ou de ses erreurs : il faut prendre la peine d'écouter. Et après une offense, le temps nécessaire à la personne offensée pour faire sentir tout son ressentiment peut être relativement long (en fonction du degré de l'offense). Dans ce cas, l'offenseur doit attendre, « encaisser » les remarques hostiles de sa « victime » pendant tout le temps nécessaire, avant de présenter ses excuses.

Les attaques personnelles

Celles-ci peuvent prendre une forme coercitive (« De toute façon, tu n'as pas le choix », « C'est comme ça »), menaçante (« Ne me prends pas pour un imbécile ») ou culpabilisante (« Tu vois, je te l'avais bien dit »).

COMMENT RÉPONDRE ?

La technique consiste à désamorcer l'agression en misant sur le temps, l'écoute.

1. Laissez-le vider son sac. Ne vous défendez pas (vous n'êtes pas coupable) et surtout ne lui rendez pas la pareille. Même si vous pensez pouvoir vous le permettre. En répondant à une agression par une autre agression, vous vous défoulez, certes, mais vous risquez de déclencher un processus de non-retour. Mieux vaut rompre le contact si vous êtes trop en colère, si vous n'arrivez pas à maîtriser vos émotions et vos réactions.

2. Demandez-lui des explications, par exemple : « Tu veux dire que... », « C'est vraiment ce que tu penses ? », « Peux-tu m'en dire plus... » En général, le simple fait d'être écouté sans être contredit est désarmant pour un homme. Cela lui laisse en plus du temps pour réfléchir, avoir une meilleure idée du problème.

3. Prenez acte de ses propos et de ses sentiments et affirmez votre point de vue : « Je comprends bien ta position (tes sentiments, tes idées, tes réticences), je comprends que tu sois mécontent, mais je pense que... »

4. S'il continue de vous agresser, vous pouvez soit réaffirmer en bloc votre position (« Je continue à penser que... »), soit attirer son attention sur une amélioration, une évolution positive : « Tu as sans doute raison, mais tu peux constater qu'il y a (dans la situation, son comportement, etc.) un progrès. »

5. Si, malgré tout, il continue encore à vous agresser, dites-lui clairement à quel point son attitude vous affecte (parlez sentiments : vous vous sentez blessée, vous avez de la peine, ça vous met en colère...) et les conséquences qu'elle peut entraîner s'il persiste (« Je préférerais éviter qu'on en arrive à une rupture »). Encouragez-le à parler de ses propres sentiments pour expliquer la violence de son attaque : « Je t'ai fait de la peine ? », « Tu ne m'aimes plus ? »

6. Larguez-le provisoirement (ou définitivement), si vous n'obtenez toujours pas de résultat, s'il récidive d'une manière systématique.

Les réflexions blessantes

Racistes, sexistes, humiliantes à un titre ou un autre (vos compétences, votre look...), les réflexions blessantes ont toujours plus d'impact quand elles touchent à vos points faibles.

Elles peuvent être verbales, votre interlocuteur emploie un ton condescendant en insistant (lourdement) sur certains mots, ou non verbales : il lève les yeux au ciel, hausse les épaules ou soupire en prenant (silencieusement) les autres, éventuellement présents, à témoin (genre : « Pauvre fille, y a rien à en tirer »).

Devant ce type de vexation, vous craignez souvent de mal interpréter le message (et de passer pour parano) ou de réagir de façon excessive (et de passer pour hystérique). Alors, vous laissez filer.

COMMENT RÉPONDRE ?

Deux possibilités. Premier cas : l'attaque est directe, en clair (pour vous et les autres). La première chose à faire consiste à dire ce que vous ressentez. Par exemple, « Je me sens blessée par tes réflexions (ton attitude). Que veux-tu dire exactement ? » Le plus souvent, un homme s'en sort par une pirouette (« Je plaisantais ») ou alors il confirme et cela devient une attaque personnelle. S'il « plaisante », prenez acte et répétez ce que vous ressentez : « Pour toi, c'est peut-être une plaisanterie, mais pour moi... » En principe, cela devrait suffire. Deuxième cas : l'attaque est indirecte, ambiguë ou sous-entendue (genre : « Le dîner n'est pas encore prêt ! », sous-entendu « Tu fiches vraiment rien »). Première chose à faire, prêcher le faux pour savoir le vrai.

Exemple : « Tu veux dire que je me tourne les pouces toute la journée. » Résultat : ou il fait une véritable critique (constructive) ou il confirme son hostilité et vous vous retrouvez dans un cas d'agression directe. Souvent, quand un homme vous fait ce type de remarque, ça vous laisse sans voix (vous avez peur d'avoir mal compris, vous avez plus urgent à faire...). Mais se soumettre (pour vous montrer sympathique, ne pas faire de vagues) n'est pas une solution. Forcément, il vous respecte de moins en moins et il en profite. Beaucoup d'hommes prennent la gentillesse pour de la faiblesse. Pas de complaisance donc. Dans ce genre de situation, il faut toujours riposter du tac au tac, ni trop ni trop peu. Vous ne devez rien laisser passer qui vous dévalorise, sape votre confiance, mette à mal votre image (sous peine de récidive). Et toujours rappeler que vous avez droit au respect et comment vous souhaitez qu'on se comporte dans la relation à l'avenir.

La mauvaise foi

Le comportement masculin le plus fréquent (et le plus désespérant) dans une relation. Entre ceux qui disent oui à tout (mais qui n'en pensent pas moins et n'en font pas plus, plutôt moins), ceux qui font croire qu'ils n'ont jamais le temps (« J'ai été en réunion tout le temps, je n'ai pas eu une minute pour t'appeler »), qui prétextent qu'ils n'ont pas les moyens (« J'ai un problème avec la voiture, prends un taxi ») ou qui fuient tout simplement (en jouant les distraits, les étourdis, les imbéciles, etc.), vous n'êtes vraiment pas aidée. Le problème avec un homme de mauvaise foi, c'est que vous ne savez jamais à qui vous avez affaire. Un faux jeton qui vous la joue hypocrite : il feint des opinions, des sentiments qu'il n'a pas pour entrer dans vos bonnes grâces ? Un grand paresseux qui vous fait du chantage à la sympathie ou au charme pour obtenir ce qu'il veut et ne pas faire sa part du boulot ? Un tordu qui utilise des tiers pour vous déstabiliser et vous manipuler ? Au bout d'un moment, vous perdez vos repères, vous ne savez plus à quoi vous en tenir, à quoi vous attendre, sur qui compter.

Comment répondre ?

Devant ce type d'attitude, vous devez d'abord éviter de tomber dans le piège qui consiste à démasquer votre interlocuteur. Il bloquera si vous lui mettez le nez dans sa mauvaise foi, si vous le prenez en défaut. Ne lui avouez pas que vous savez bien qu'il veut juste vous mettre dans son lit ou qu'il s'empresse d'oublier ses promesses dès que vous avez le dos tourné. Au contraire, rajoutez-en dans la naïveté ou dans la confiance, surtout s'il vous donne l'impression d'être bien disposé, compréhensif à votre égard. Vous ne doutez pas un seul instant de ses bonnes intentions ou de sa bonne volonté, vous savez (et vous le lui dites) que vous pouvez compter sur lui. De toute façon, ce n'est pas en soupçonnant un homme du pire qu'on obtient le meilleur. En revanche, en faisant appel à ce qu'il y a de plus noble en lui, vous avez une chance.

Si ça ne marche pas, s'il fait (consciemment ou non) obstruction, une seule technique, simple mais terriblement efficace : celle du « disque usé ». Celle-ci consiste à répéter inlassablement votre demande (en gardant la même intonation), en mettant en avant la position de celui qui vous manipule ou qui se défile. Exemple : « Je comprends très bien que tu sois débordé (que ta voiture a un problème... que financièrement ce n'est pas le moment idéal) mais j'ai absolument besoin de... Tu m'avais promis que... » Généralement, ça marche, la plupart des hommes finissent toujours par céder à l'usure. Persévérez jusqu'à ce que vous obteniez ce que vous voulez.

L'arrogance

C'est un travers fréquent chez tous les hommes qui détiennent un pouvoir, un savoir, un talent ou une qualité incontournable. Évidemment, ils sont exceptionnels, évidemment ils ne se prennent pas pour des riens. Forcément, ils usent et abusent de leur position (réelle ou fantasmée) de supériorité. Ils vous regardent de haut, affichent (plus ou moins consciemment) leur mépris. Ils ne vous laissent pas placer un mot, vous coupent systématiquement la parole, tournent en dérision vos moindres propos ou se contentent de grogner pour indiquer leur intérêt. Devant eux, vous vous sentez toujours un peu (ou très) mal à l'aise, même si vous n'avez rien à vous reprocher, rien à leur envier. Vous vous sentez bête, moche, pas à la hauteur. En fait, leurs réflexions ironiques (souvent cruelles), leurs remarques provocantes (souvent sexuelles), visent à masquer aux autres (mais d'abord à eux-mêmes) leurs propres sentiments d'insécurité et de solitude.

COMMENT RÉPONDRE ?

Avec eux, il n'y a pas trente-six solutions. Une seule méthode : leur rentrer dans le chou. Principe : une star (quelqu'un qui se prend pour) n'a de respect que pour ceux qui s'opposent, lui résistent. Rien n'est possible avec une « star », ni une vraie communication ni une réelle coopération, sans cette confrontation préliminaire. Courage donc ! De toute façon, vous ne pouvez pas faire autrement. Vous n'avez rien à perdre, tout à gagner. Vous devez risquer le clash. En prenant les formes, bien sûr. Pas d'injure ou d'attaque personnelle, mais une saine confrontation, franche, directe. Exemple : « Tu es excellent dans ton domaine, mais ce n'est pas une raison pour... » Bien sûr, vous devez moduler votre intervention. Vous ne pouvez pas agresser de la même façon un homme que vous avez dans le collimateur, un ami ou l'homme de votre vie. Quand le rapport de force n'est pas en votre faveur, vous devez d'abord reconnaître à l'autre son statut de star (son pouvoir, sa beauté, son talent, etc.), jouer sur son narcissisme, son besoin de légitimité. Ensuite, seulement, vous pouvez affirmer vos propres prétentions, revendiquer ce qui vous est dû ou ce que vous voulez. Avec un égal, vous pouvez, en revanche, vous permettre d'être un peu plus agressive. Oui, il a de nombreuses qualités, mais vous aussi. Alors, doucement les basses ! Vous êtes prête à faire des concessions, vous ne doutez pas que vous avez un bel avenir ensemble, mais à condition qu'il change d'attitude. Et vite. Surtout que personne n'est indispensable, que la vie est trop belle ou (déjà) trop compliquée pour perdre son temps (le vôtre et le sien) en gamineries.

Pourquoi c'est si difficile d'être fidèle ?

Ne vous demandez plus pourquoi c'est si difficile d'être fidèle : aujourd'hui, on a la réponse. Nous ne sommes pas faits pour la monogamie. La fidélité n'est pas naturelle, c'est même le contraire. On a tous comme un « gène d'infidélité » qui nous pousse sans cesse dans d'autres bras. Pas pour le plaisir, comme on le croit, ou par insatisfaction (conjugale), mais pour une meilleure reproduction de l'espèce. L'infidélité, c'est ce que la nature a trouvé de mieux pour produire un maximum d'enfants ayant des chances de survie. Elle est la règle universelle aussi bien chez les humains que chez les animaux. De toutes les espèces connues, seules la crevette arlequin, la sangsue et quelques autres, dont beaucoup d'oiseaux, sont complètement fidèles. Dans *L'Animal moral* (éditions Michalon), Robert Wright expliquait : « L'amour monogame à vie n'a rien de naturel – pas même pour les femmes, et moins encore pour les hommes. » D'ailleurs, neuf cent quatre-vingts des mille cent cinquante-quatre sociétés étudiées par les anthropologues, des plus anciennes aux plus récentes, sont polygames. En s'appuyant sur les récentes découvertes biologiques, sur les travaux des chercheurs en sciences sociales, des ethnologues, des anthropologues, des médecins et des psychologues, il montre que l'infidélité est avant tout une stratégie génétique. Mais une stratégie différente chez les femmes et chez les hommes. Nous ne sommes pas infidèles pour les mêmes raisons.

Les femmes infidèles pour sélectionner les meilleurs gènes

Chez les femmes, l'infidélité sert d'abord à mettre les spermatozoïdes en concurrence pour s'assurer d'avoir les « meilleurs gènes ». C'est la fameuse théorie de la « compétition des spermes ». Baker et Bellis, deux biologistes anglais, ont par exemple démontré que les femmes qui trompent leur compagnon le font plutôt en période d'ovulation. Ils ont aussi découvert que le « double accouplement » (deux partenaires sexuels différents en cinq jours) est plus fréquent autour de cette période. « Il se peut qu'un des objets de l'infidélité soit de laisser le sperme de plusieurs mâles se battre "à armes égales" dans l'utérus ; l'ovule aurait donc plus de chances d'être fécondé par un sperme combatif et résistant », commente Robert Wright. On croyait qu'avec la contraception, la paternité était devenue plus sûre. C'est faux. Aux États-Unis, les examens sanguins effectués dans certaines zones urbaines montrent que plus d'un quart des enfants ont été conçus par un père autre que celui qui figure sur les registres de l'état civil. Rien que dans l'Amérique puritaine, 21 millions de femmes (40 % des femmes mariées) avouent entretenir une liaison. On imagine, en France, la « compétition des spermes »… On pourrait penser que l'infidélité féminine est récente, liée à la libéralisation des mœurs et à l'émancipation des femmes. Pas du tout. Elle a une longue histoire. Les femmes ont l'habitude de copuler avec plusieurs hommes « afin de leur faire croire qu'ils sont tous *susceptibles* d'être le père d'un de leurs enfants ». De cette manière, elles protègent mieux leurs petits. Chez les primates, les mâles traitent généralement mieux les enfants qu'ils imaginent de leur sang. Et ils ont souvent la sale manie de tuer ceux des autres.

Les femmes, moins fidèles que les chimpanzés femelles...

Autre enjeu de l'infidélité féminine : accroître la quantité de sperme chez les hommes pour renforcer la concurrence. On croit que la quantité de sperme émis par un homme dépend seulement du temps écoulé depuis le dernier rapport sexuel. C'est faux. « La quantité de sperme dépend surtout du temps qui s'est écoulé depuis la dernière fois où il a vu sa partenaire », explique Robert Wright. Plus ce délai est long, plus une femme a de chances de le mettre à profit « pour collecter le sperme d'autres mâles », plus son compagnon rassemble massivement ses troupes séminales pour faire face à une éventuelle concurrence. « Les variations de densité du sperme sont à considérer comme un révélateur de l'infidélité féminine. » Aujourd'hui, on mesure l'activité sexuelle des femelles d'une espèce, leur degré d'infidélité, au poids moyen des testicules. « En ce qui nous concerne, le poids des testicules se situe quelque part entre chimpanzé et gorille, ce qui laisse à penser que nos femmes, quoique sexuellement moins débridées que les chimpanzés femelles, sont d'un naturel quelque peu aventureux », estime Robert Wright.

… *Mais beaucoup plus fidèles que les hommes*

Bien qu'elles aient « moins de retenue sexuelle que beaucoup d'autres espèces », les femmes sont dans l'ensemble beaucoup plus fidèles que les hommes. La retenue sexuelle des femelles (relativement aux mâles) est la règle dans toutes les espèces. C'est un « intérêt génétique ». Une question de prudence, parce que l'ovule est gros et rare chez toutes les espèces et donc précieux. « La femelle serpent n'est peut-être pas très intelligente, mais elle l'est suffisamment, au moins inconsciemment, pour savoir qu'il est des mâles avec lesquels il n'est pas souhaitable de s'accoupler. » Un stratagème pour attirer les « meilleurs mâles ». En faisant preuve de réserve, elles font monter les enchères. Les conseils des mamans à leurs filles, comme quoi il ne faut pas coucher le premier soir (ni même le second), sont fondés génétiquement. Ce n'est pas seulement un principe moral. Et d'ailleurs, ça fonctionne. Des sociologues ont montré que plus une ado avait une vie sexuellement active, moins elle avait de chances de faire un bon mariage. La retenue sexuelle des femelles en général sert aussi à maximiser les chances. On a par exemple observé qu'en retardant la copulation (ou l'éjaculation), elles augmentent « la quantité de sperme retenue et donc les chances de conception ». Ne pouvant procréer qu'une fois dans l'année, les femmes sont particulièrement exigeantes dans le choix de leurs partenaires sexuels. Plus ou moins consciemment, elles cherchent chez un homme le meilleur rapport entre « de bons gènes et un solide engagement à long terme ». C'est pour ça qu'elles sont souvent indulgentes sur la question de l'attirance physique. Elles pensent d'abord : « Pourrat-il subvenir aux besoins des enfants ? » La vénalité supposée des femmes est en fait un calcul à long terme pour s'assurer de la transmission du capital génétique. « Quand les gens voient une belle femme en compagnie d'un homme laid, ils en déduisent automatiquement que celui-ci a soit beaucoup d'argent, soit une position sociale enviée. Les chercheurs se sont donné la peine de démontrer que cette déduction est souvent justifiée. » Autre limite à l'infidélité des femmes : les bébés. Quand une femme est enceinte, la compétition des spermes n'a plus lieu d'être. Pas plus que le subterfuge qui consiste à multiplier les pères possibles pour s'assurer de la gentillesse d'un père en particulier. Celle-ci est, en principe, acquise. Ou, de toute façon, c'est trop tard pour tenter (inconsciemment, bien sûr) de convaincre un autre homme qu'il est le père.

L'odeur des mâles dominants

Les femmes, attirées par l'odeur corporelle des mâles dominants ? C'est ce que viennent de démontrer des chercheurs de l'université Charles, à Prague. Première étape : définir ce qu'est « un mâle dominant ». Dans un groupe d'étudiants fauchés, ils ont choisi les personnalités narcissiques (tendance à corriger les autres, à vouloir contrôler les conversations, dépasser autrui...). Puis ils ont demandé à des volontaires féminines de humer des bouts de coton portés pendant vingt-quatre heures sous les aisselles masculines et de noter leur « intensité », leur « sex-appeal » et leur « masculinité ». Résultat de l'expérience : l'odeur des mâles dominants présente un attrait très nettement supérieur, mais seulement quand l'intéressée est déjà en couple et en période d'ovulation.

Sexuellement, les hommes ne sont pas très regardants

Un test réalisé sur un campus universitaire américain montre que les trois quarts des hommes approchés par une inconnue acceptent ses avances. La chair mâle est faible ? Au contraire, c'est un signe de vigueur. La sélection naturelle encourage un appétit sexuel sans bornes chez les mâles de toutes les espèces. La multiplication des rapports sexuels, c'est le seul moyen pour eux d'assurer leur survie génétique. C'est si important que la nature a bien fait les choses pour leur faciliter ce phénomène. Pour être sûre qu'ils envoient un maximum de spermatozoïdes sur tous les fronts, sans faire la fine bouche, elle les a privés de discernement sexuel. Dès qu'il s'agit de sexe, les mâles ne sont pas regardants. « Ils ont si peu de discernement sexuel qu'il leur arrive de poursuivre autre chose que des femelles. » Certaines grenouilles s'en prennent à d'autres mâles. Des serpents ont été surpris en train d'essayer de s'envoyer en l'air avec des cadavres de femelles. Des dindons se jettent avec concupiscence sur des dindes empaillées (une simple tête en bois fait souvent l'affaire). Et beaucoup d'hommes ont une érection à la seule vue d'une photo de femme nue. Pourtant, on aurait tort d'amalgamer les hommes et les dindons. Les hommes peuvent se reproduire des centaines de fois par an. S'il arrive toujours un moment où, « pour la femme, continuer de faire l'amour ne s'impose plus. Autant se reposer ou manger un morceau ! Pour un homme, à moins qu'il ne soit au bord de l'épuisement ou de l'inanition, cela n'arrive jamais. Chaque nouvelle partenaire offre une sérieuse chance de placer quelques gènes supplémentaires dans la génération suivante... ».

Les hommes plus infidèles que les gibbons mâles

L'homme fait partie des espèces à IPM (investissement parental mâle) élevé. Ça le rapproche des femmes (même s'il ne leur arrive pas à la cheville pour s'occuper des enfants) et des gibbons mâles (même s'il est nettement plus infidèle qu'eux). À la différence des autres singes, le gibbon fait un effort pour être monogame. Le mâle ne s'éloigne plus après la copulation et il pourvoit aux besoins des enfants. M. et Mme Gibbon se livrent tous les matins à un duo très sonore pour crier à la face du monde leur bonheur conjugal et éloigner d'éventuels briseurs de ménage. « Les mâles humains aussi sont réputés promener les enfants et rester en famille. Est-il possible que, ces derniers millions d'années, il nous soit arrivé quelque chose de semblable à ce qui s'est produit chez les gibbons ? Les appétits sexuels des mâles et des femelles sont-ils devenus convergents, assez, en tout cas, pour faire de la monogamie un objectif raisonnable ? » demande Robert Wright. Sans doute. Mais, chez l'homme, l'infidélité est aussi aggravée par le fait que « ça n'a pas d'importance ». Pour un homme, le sexe, ça ne remet pas forcément son couple, sa famille, en question. Multiplier les aventures sexuelles ne l'empêche pas de veiller jalousement sur son investissement génétique « à la maison ». En tout cas, dans les premières années de vie commune. Ensuite, avec l'âge (surtout celui de sa femme), l'approche de la cinquantaine (il ne lui reste plus beaucoup de temps à lui non plus pour placer d'autres gènes), les enfants qui grandissent, sa position sociale qui s'améliore, un homme est de plus en plus tenté de déserter.

Les femmes pardonnent une infidélité, pas les hommes

Autre domaine où les intérêts génétiques sont différents : celui du mariage. La traîtrise qui menace les gènes d'un homme n'est pas la même que celle qui menace les gènes d'une femme. « Alors que la crainte naturelle de la femme sera de voir l'homme lui retirer son engagement, l'homme redoutera, quant à lui, de s'être engagé à tort », constate Robert Wright. D'où des réactions différentes à l'infidélité. La jalousie masculine se focalise sur l'infidélité *sexuelle* qui jette un doute sur la paternité. Une femme se sent « plus menacée par l'infidélité *sentimentale* – c'est-à-dire par un attachement à une autre femme risquant d'entraîner une dispersion des moyens de subsistance ». Des psychologues évolutionnistes en ont fait la preuve. Ils ont branché des hommes et des femmes sous électrodes et leur ont demandé d'imaginer d'abord leur partenaire en pleine action avec un autre, ensuite, une idylle. Les hommes, quand ils imaginent leur chérie au lit avec un autre, ça les rend fous : bonds du rythme cardiaque équivalant à une injection de caféine, sudations intenses, crispations... En revanche, ils s'apaisent (enfin presque) quand ils imaginent un attachement sentimental naissant. Pour les femmes, c'est le contraire. Elles se retrouvent dans un état de profond désarroi physiologique quand elles imaginent l'infidélité affective. Des résultats qui confirment les observations des sociologues du mariage. « Les maris ont tendance à répondre à l'infidélité par la fureur et, même après retour au calme, ils ont souvent du mal à envisager de poursuivre une relation avec l'infidèle. » Au contraire, les femmes, même quand elles réagissent violemment au moment où elles apprennent une infidélité, pardonnent plus facilement. Ensuite, elles font tout pour récupérer le terrain perdu. « La conséquence, à terme, est souvent une campagne d'auto-amélioration : perte de poids, maquillage soigné, bref une entreprise de reconquête », conclut Robert Wright.

Et l'amour dans tout ça ?

Bonne nouvelle : l'amour est aussi naturel que l'infidélité. Même le couple à vie semble inscrit dans nos gènes. On croit que l'amour romantique est une invention de midinette, on pense qu'on peut faire l'amour sans sentiments : c'est faux. Tous les anthropologues qui se sont sérieusement penchés sur la question ne sont pas d'accord. L'amour a un fondement inné. Nous sommes programmés pour créer des liens durables parce que c'est mieux pour améliorer les chances de l'espèce. La preuve que l'amour homme-femme est génétique, c'est qu'on est devenu l'espèce dominante. Autre preuve : la constance du mariage et de la famille dans toutes les cultures. Partout, toujours, le mariage est la norme et la famille reste la base de l'organisation sociale. Le couple à vie est possible même si, dans le principe, les femmes aiment le mariage et les hommes pas. Idéalement, il faudrait, pour durer, prendre le temps de mieux se connaître (avant de coucher), épouser un ange (comme ils n'ont pas de sexe, on est sûr qu'ils seront fidèles), aller vivre à la campagne peu après le mariage (pour fuir les tentations), avoir des tripotées d'enfants (ça occupe), devenir accro du boulot (à condition d'éviter les voyages d'affaires) et sombrer dans une maladie très affaiblissante (ça renforce la co-dépendance). Irréaliste. Il vaut mieux se dire qu'il n'y a pas d'amour sans infidélité et ne pas en faire un fromage quand ça arrive.

Madone ou putain, papa ou goujat : c'est héréditaire ?

Pourquoi certaines femmes sont-elles sexuellement plus actives que d'autres ? Pourquoi la plupart des hommes sont-ils incapables d'être complètement fidèles ? « Cette différence entre madone et putain, entre papa et goujat – est-elle inscrite dans les gènes ? La réponse est, sans conteste, oui », répond Robert Wright. Certaines femmes semblent vouées au rôle de madone, depuis le jour où les spermatozoïdes de leur père ont rencontré l'ovule de leur mère. De la même façon, les hommes sont peut-être forcément appelés à devenir soit des papas, soit des goujats. Ce qui est sûr, c'est qu'ils ont tellement la frousse que leurs petits ne soient pas d'eux qu'ils continuent (plus ou moins consciemment) à classer les femmes entre « impatientes sexuelles » (celles qu'on n'épouse pas) et « reproductrices » (celles avec qui on imagine faire des enfants). Ils ont beau savoir qu'avec la contraception leurs précieux gènes ne risquent (presque) plus rien, la grande peur archaïque reste intacte. Et leur jalousie. Comme le dit Robert Wright : « Pour l'époux moyen, le fait que sa femme porte un diaphragme lorsqu'elle fait l'amour avec son professeur de tennis n'est pas vraiment une consolation. » Dans la stratégie sans merci que se livrent les sexes, les mâles ont tout intérêt (génétique) à *encourager* les femmes à « céder » rapidement. « En effet, quel meilleur moyen de vérifier l'existence de cette retenue, si précieuse chez une femme dont les enfants vont faire l'objet de notre investissement ? Et si cette retenue fait défaut, quel meilleur moyen de s'offrir rapidement un peu de bon temps, avant de se remettre en quête d'une histoire méritant davantage d'investissement ? » Mais ils ne sont pas forcément gagnants. En général, une femme n'a pas trop de mal à convaincre que son « impatience » ne signifie pas qu'elle est trop facile à séduire. Car un homme préfère toujours croire que c'est *lui* qui est particulièrement irrésistible.

À quoi ça sert, la jalousie ?

Ça commence par un petit pinçon au cœur, une titillation de l'esprit, un vague malaise que nous nous efforçons de repousser. On essaie de ne pas y penser. Mais « la sombre Jalousie, au teint pâle et livide, suit d'un pied chancelant le Soupçon qui la guide » (Voltaire). Tout à coup, l'absence d'une dame de cœur ou les regards, les sourires qu'elle a pour un autre prennent une dimension inquiétante. Un homme ne peut s'empêcher de redouter une trahison possible. De la crainte, il en vient vite aux certitudes. Il imagine les tentations, et puis le pire. Nous avons tous, les femmes comme les hommes, connu ce genre de crises. Normalement, elles ne durent pas. Un mot, un geste tendre de l'autre suffisent pour les désamorcer. Surtout qu'on se sent toujours mal d'être jaloux. C'est un sentiment désagréable à vivre, même quand on n'en fait pas une maladie. On aimerait bien pouvoir s'en passer. Mais la jalousie est un ingrédient essentiel dans l'alchimie du couple. Parfois, elle renforce une relation. Parfois, elle la détruit. Piment ou poison, elle est toujours très révélatrice de nos peurs et des enjeux de nos amours.

Quand l'imagination s'emballe

Certains sont plus jaloux que d'autres. À certains moments, on est plus jaloux qu'à d'autres. Mais ce qui frappe dans la jalousie, c'est toujours son caractère délirant. Marc, par exemple, qui avoue : « L'année dernière, j'ai lu le grand horoscope de *ELLE*, tu sais celui juste avant l'été. Ça disait qu'on allait avoir des problèmes, ma femme et moi. Ça tombait mal, j'étais obligé de rester à Paris pour mon travail et elle partait en vacances avec des amis à moi. Je me suis monté la tête tout seul. J'ai cru qu'elle me trompait avec mon meilleur ami. J'étais comme un fou. Quand il est revenu, je l'attendais avec mon couteau à l'aéroport. J'étais prêt à le planter s'il avait l'air gêné de me voir ou s'il me tirait la tronche. Heureusement, il a souri... » Quand on sait à quels extrêmes peut mener la jalousie, n'importe quel brave garçon pouvant se transformer en tigre féroce, on s'étonne que les crimes passionnels soient aussi exceptionnels. Les délires de la jalousie n'empêchent pas la plupart des couples de vivre en confiance. Bien sûr, il y a des jaloux obsessionnels. Mais les crises et les obsessions de la jalousie sont souvent sans conséquences pratiques. Les petites inquisitions du quotidien sont rares. Pas même 10 % d'hommes (ou de femmes) pour avouer fouiller dans les poches de leur conjoint, éplucher son agenda, son courrier ou ses relevés bancaires. La plupart du temps, on ne passe pas à l'acte, même quand on est tenté de le faire. La jalousie reste une production de l'imaginaire. Comme tous les fantasmes, pour pénible qu'elle soit, elle sert d'abord à masquer une réalité encore plus pénible. En tout cas, elle le tente. C'est seulement quand elle rate, quand le fantasme ne fonctionne pas (ou mal), qu'elle vire à la crise ou qu'elle dérape dans l'obsessionnel.

C'est normal d'être jaloux

Il n'y a pas d'amour, d'attachement, sans jalousie. Quand on aime, on a peur de perdre la personne qu'on aime. Au départ, la jalousie est d'abord chez les mâles un réflexe archaïque lié à la reproduction, à l'appropriation des femelles, à la défense territoriale. C'est une réaction instinctive : « Le chien du jardinier, même quand il néglige sa pâtée, gronde quand un autre s'approche de l'assiette », dit un proverbe espagnol. Elle renvoie à un passé de l'espèce. Mais elle renvoie aussi à notre enfance, aux frustrations inhérentes au complexe d'Œdipe. Le petit homme doit apprendre à partager avec son père l'amour de la mère. Cet apprentissage ne se fait jamais ni sans désir ni sans crainte. Désir de profiter exclusivement de cet amour, d'éliminer le père. Crainte de la rivalité avec le risque de perdre cet amour. Plus tard, la jalousie se manifeste chaque fois qu'on ne peut tolérer l'idée de perdre l'autre. Normalement, elle reste occasionnelle. Elle n'est qu'une réaction pénible à une frustration passagère. On ne supporte pas d'être séparé de la femme qu'on aime ou son apparent manque d'intérêt. Mais, même dans ce cas-là, nos sentiments de jalousie sont rarement aussi innocents qu'on veut bien le croire. Ils remplissent plusieurs fonctions, ils dessinent différents types de jaloux.

Conjurer le danger

Occasionnels ou chroniques, nos sentiments de jalousie ont un rôle magique. On imagine le danger pour mieux l'écarter. Nous sommes très amoureux. Nous avons totalement confiance en l'autre. Mais nous savons que, même très improbable, une infidélité reste toujours objectivement possible. L'idée est insupportable, la réalité pénible. Alors on se fait du cinéma, on joue avec le feu pour ne pas se brûler. Nous fantasmons l'infidélité pour conjurer sa réalité. Quand nous manifestons notre jalousie, c'est souvent une façon de prêcher le faux pour savoir le vrai. Nous cherchons à être rassurés : « Mais non, mon chéri, tu n'as rien à craindre, je t'aime ! » Même quand un homme presse plus ou moins agressivement (ou sournoisement) la femme de son cœur pour qu'elle avoue ses tentations ou ses infidélités, il ne s'attend pas évidemment à ce qu'elle lui dise la vérité. Ce type de jalousie reste généralement au niveau du jeu, d'une complicité dans le couple. Mais elle prend parfois une dimension paranoïaque. Chez le jaloux « paranoïaque », le doute, les soupçons, les certitudes de l'infidélité de l'autre deviennent envahissants. Avec lui, les rapports virent au psychodrame permanent. Ici, la jalousie provoque souvent ce qu'elle redoute. Un jaloux paranoïaque pousse inconsciemment à l'infidélité.

Provoquer le désir

Ici la jalousie a une fonction hystérique. En étant jaloux, en reconnaissant la femme qu'il aime comme objet de désir pour les autres, un homme renforce, conforte le désir qu'il a d'elle. Adolescents, les garçons ont tous envie des mêmes filles : celles qui ont du succès. La nature humaine est ainsi faite que le plus désiré nous semble toujours le plus désirable. Chez le jaloux « hystérique », cela devient la condition de l'amour. Il est d'autant plus attaché à une femme qu'il peut la soupçonner de séduire tous les autres hommes. La force de la jalousie hystérique, c'est même de créer du désir là où il n'y en a pas. Si « l'amour, sans la jalousie, n'est pas de l'amour », comme disait Léautaud, le contraire n'est pas vrai. La jalousie n'est pas forcément le signe d'un amour véritable. Dans *Un amour de Swann*, Proust montre bien comment la jalousie peut convaincre de l'amour. Swann s'éprend d'Odette, une cocotte qui n'est pas de son monde, une femme qui ne lui plaît même pas, ni physiquement ni moralement, le jour où, passant sous ses fenêtres, il croit apercevoir l'ombre d'un autre homme.

Renforcer l'estime de soi

On sait bien aussi, avec La Rochefoucauld, qu'« il y a dans la jalousie plus d'amour-propre que d'amour ». On passe généralement sur ces petites blessures-là. Quand on aime, on peut mettre son orgueil dans sa poche. Dans les cas de jalousie chronique, les problèmes sont plus graves. Les méfiants, les soupçonneux de chaque instant sont par définition des handicapés du sentiment. Ils sont incapables d'amour (de don) véritable. Pour eux, l'expérience amoureuse ne signifie pas seulement la satisfaction des pulsions sexuelles (au sens plein, affectif, altruiste, du terme), mais plutôt une satisfaction narcissique. Ils ont d'abord besoin de se sentir aimés. Chez le jaloux « narcissique », la peur de perdre l'amour est toujours plus forte, parce qu'il y voit le signe de sa dévalorisation personnelle. Il tremble à l'idée de voir un autre homme posséder ce qu'il possède (ce qu'il croit posséder). Pour lui, perdre son objet d'amour, c'est perdre son existence même (c'est pour ça que certains se suicident quand ils sont quittés).

Oublier des frustrations anciennes

Quand on pique une crise, nos sentiments de jalousie deviennent saillants, obsessionnels, au lieu d'être normalement refoulés (parce qu'ils sont pénibles). En s'accrochant à nos pensées jalouses conscientes, on en refoule d'autres. Le caractère obsessionnel de notre contenu mental, dans ces moments-là, est dû d'abord au fait que la situation réelle qui éveille notre jalousie en rappelle toujours une autre plus ancienne. En faisant passer consciemment au premier plan une frustration nouvelle, on garde dans l'ombre une frustration plus ancienne. Parfois, la souffrance d'avoir été négligé, abandonné par sa mère dans sa petite enfance, souvent, l'humiliation d'avoir été rejeté, écarté par son père. Chez le jaloux « abandonnique », tout ce qui menace son besoin de possession exclusive est motif de jalousie. Pas seulement le rival, mais aussi les liens familiaux, les amitiés, les activités, etc., qu'il ne partage pas, dont il se sent exclu.

Lutter contre ses propres désirs d'infidélité

La jalousie permet aussi, en les projetant sur l'autre, de refouler nos propres pulsions à l'infidélité. C'est vrai dans tous les cas de jalousie, même quand elle ne sort pas de la normale. Chaque fois qu'un homme soupçonne la femme dont il partage la vie, ou qu'il lui reproche de s'intéresser à un autre homme, il manifeste en fait ses propres désirs d'infidélité. En étant (raisonnablement) jaloux, il évite ainsi d'être lui-même infidèle. Mais le contraire est également vrai. Une jalousie excessive est souvent la manifestation d'un désir intense (et inconscient) d'infidélité. Les grands jaloux sont en puissance de grands infidèles. Quand il aime, le jaloux « infidèle » se protège d'une jalousie excessive, de ses affres, en prenant l'initiative de l'infidélité. Il refoule ses fantasmes de jalousie, en devenant lui-même infidèle.

Refouler des pulsions homosexuelles

Quand on aime, on s'identifie toujours un peu, mais parfois beaucoup trop, à la personne qu'on aime. C'est le sens d'expressions comme « l'avoir dans la peau ». C'est ce qui fait l'intensité de la passion, son caractère fusionnel. Quand cette identification est trop forte, la jalousie devient ambiguë. L'expression « jaloux de » a un double sens. Elle s'applique aussi bien au rival (ou supposé tel) qu'à l'infidèle (ou soupçonnée de). Identifié inconsciemment à sa femme, le jaloux s'enflamme non seulement parce que sa femme s'intéresse à un autre, mais aussi parce que son rival ne s'intéresse pas à lui. Dans tous les cas de jalousie (même normale), il y a toujours une part de projection homosexuelle. Mais le jaloux « homosexuel » soupçonne sa femme d'aimer tous les hommes qu'il se sent lui-même capable d'aimer. Le « je le désire, lui, un homme » devient par refoulement « ce n'est pas moi qui le désire, c'est elle (ma femme) qui le désire (ou qui l'aime) ».

Comment vivre avec un jaloux ?

D'abord comprendre les raisons de sa jalousie (bien entendu, vous êtes irréprochable). Ce peut être dû à une expérience passée traumatisante : son père trompait sa mère et il le savait, son ex ramenait ses conquêtes à la maison. Ou alors à un problème d'estime de soi : il pense que les autres hommes sont mieux que lui et il vit toujours dans l'insécurité, la crainte permanente d'être quitté. Première chose à faire : ne pas jeter d'huile sur le feu. Évitez les dîners, les sorties en tête-à-tête avec d'autres hommes, ou pire, un ex. Mais n'acceptez pas non plus d'être surveillée ou passée à la question en permanence. À la longue, cela finira par vous énerver et vous serez tentée, un jour, de le punir en le trompant. Ensuite, parlez-en ouvertement avec lui. Le problème est à moitié résolu s'il reconnaît qu'il est jaloux à l'excès. Alors, n'hésitez pas à aborder clairement le sujet. Posez-lui des questions précises : « Qu'est-ce que tu crains ? Que je te trompe ? Que je te quitte ? » Et exprimez vos propres sentiments : son manque de confiance vous fait de la peine, etc. Plus vous lui parlez de votre relation, plus vous lui montrez que vous y accordez de l'importance et plus cela le rassure.

Prendre un amant

Dans un couple, il y a toujours des moments critiques. Vous avez beau l'aimer très fort, vous vous mettez à douter. Vous n'êtes plus sûre de ses sentiments ou des vôtres. Vous ne comprenez pas son attitude, vous ne savez plus très bien où vous allez. Ne pas voir, ne pas toucher, ou si peu, l'homme qui est censé partager votre vie et/ou vos nuits, au bout d'un moment, ça vous fait disjoncter. Vous vous mettez à penser négatif. Quand trop de frustrations, d'incompréhensions s'accumulent, on perd la foi. On désespère de l'autre, on ne croit plus à un avenir possible. Dans ces moments-là, vous en voulez terriblement à votre chéri. Il ne vous rend pas l'amour que vous avez pour lui. Vous avez de plus en plus de mal à être en manque de lui. Vous avez envie de tout arrêter. Plutôt avoir très mal d'un coup que souffrir à petit feu. Plutôt être seule que se sentir seule. Tant pis pour les rêves d'amour que vous faisiez ensemble. Tant pis si vous passez peut-être à côté du grand amour de votre vie. En général, vous arrivez à ces dernières extrémités quand vous imaginez avoir épuisé toutes les autres solutions, la tendresse et la patience, la fermeté et l'indulgence. Vous avez parlé, boudé, fait des caprices, crié, mais rien n'a changé. Le constat est cruel. Malgré tout l'amour que vous avez pour lui, cet homme-là n'est pas pour vous. Vous croyez avoir tout tenté. Faux ! Il vous reste encore une solution. Prendre un amant.

Six bonnes raisons pour prendre un amant

Au lieu de vous morfondre

L'amour, c'est comme une drogue. Certains peuvent s'accommoder d'une séparation de quelques jours, voire de quelques semaines. D'autres souffrent mille morts dès qu'ils n'ont plus leur dose de câlins quotidiens. Votre homme n'a envie de vous voir qu'une fois tous les quinze jours. Votre mari est obligé de voyager deux cent trente-cinq jours par an pour ses affaires. De toute façon, le problème est le même. Il n'est pas là, ou trop rarement. Ne vous morfondez pas en l'attendant. Si chaque absence doit être un calvaire, vous ne pourrez vous empêcher de l'accabler de reproches. Prenez un amant, le temps vous paraîtra moins long. Et puis, surtout, vous apprendrez à voir le bon côté de votre vie, à profiter de votre temps libre pour faire des rencontres, découvrir des activités, connaître des plaisirs différents.

Pour ne plus harceler le compagnon de vos nuits

Les besoins sexuels, ça existe. Ici aussi, c'est variable. Certaines femmes peuvent vivre de longues périodes de chasteté. D'autres deviennent très agressives quand elles sont sevrées plus de quatre jours. Souvent dans les couples, il y a un décalage. On croit que c'est un problème de désir, mais en fait ce sont les hormones qui ne bouillonnent pas au même rythme. L'homme qui partage votre vie n'est pas forcément toujours synchrone avec vous sexuellement. Il peut avoir des périodes « sans ». Ne le harcelez pas. Bien sûr, il peut lui aussi se forcer pour vous faire plaisir. Mais le plaisir n'est pas bien grand quand ce n'est pas de bon cœur. Vous resterez sur votre faim et lui se sentira un peu minable parce qu'il n'assure pas vraiment. Avec un amant, vous aurez au moins le plaisir de la découverte. En plus, votre homme vous sera reconnaissant d'être compréhensive et de le laisser souffler.

Pour ne pas laisser mourir le désir

Avec la vie quotidienne, souvent le désir meurt. Au début, c'est insidieux. On se dit, moins de passion mais plus de tendresse. Au bout d'un moment, plus rien. Le stress, les soucis, la course après le temps, les mauvaises habitudes ont raison des derniers embrasements. À la fin, vous n'avez même plus envie d'avoir envie. Prenez un amant avant qu'il ne soit trop tard. Dans l'alchimie du désir, l'amant, c'est l'étincelle des couples en voie d'extinction. Sans doute parce que la jouissance a quelque chose de contagieux. Tous ces plaisirs, ces bonheurs volés, vous aurez envie de les partager avec votre compagnon habituel. Vous le trouvez à nouveau très désirable. Et lui, de son côté, sans trop savoir pourquoi, vous regardera d'un œil plus allumé.

Au lieu de fantasmer

Vingt-deux pour cent des femmes rêvent d'être infidèles. C'est mieux de le faire que de le dire. Rien n'est plus désastreux pour une relation que de penser tout le temps à un autre homme et de ne pas passer à l'acte. Comme trahison, c'est pire qu'une infidélité. Une infidélité passagère peut renforcer l'amour. Fantasmer sur un autre homme, c'est le plus sûr moyen pour tuer votre relation actuelle. En plus, au lieu de tricher une fois (ou de temps en temps), vous trichez vingt-quatre heures sur vingt-quatre. Si un autre homme vous hante, mettez-le dans votre lit. Vous n'y penserez plus, en tout cas pas très longtemps. La réalité est toujours plus décevante que les fantasmes.

Si votre homme est trop jaloux

Partager sa vie avec un grand jaloux, c'est épuisant pour les nerfs. Vous l'aimez, mais il vous mène une vie d'enfer. Combien de temps allez-vous supporter ses soupçons si vous lui restez fidèle ? Dans votre cas, la fidélité n'a que des inconvénients et pas d'avantages. Vous refusez toutes les tentations, vous vous privez de certaines satisfactions. Tout ça pour rien. Il ne continue pas moins de se torturer et de vous embêter. Trompez-le ! De toute façon, il ne vous croit pas fidèle, alors autant en profiter. Vous aurez moins l'impression d'être victime d'une injustice. Ça vous soulagera de ne plus être accusée à tort. En plus, vous pouvez plus facilement le tromper. Il est tellement obnubilé par vos amants supposés qu'il ne verra pas (il n'a pas vraiment envie de les voir) un amant de passage. Et vous vous sentirez moins coupable. Après tout, il l'aura bien cherché.

C'est plus réaliste

Vous pouvez prendre un amant à titre exceptionnel, pour vous aider (aider votre couple) à franchir une mauvaise passe, mais vous pouvez aussi en faire une politique systématique comme Marie-Odile : « Je prends un amant chaque fois que j'ai des problèmes avec Jean. Avant, quand je croyais encore au mythe de la fidélité dans le couple, j'étais une semaine sur deux au bord de la rupture. Maintenant, tout va bien. » L'amant peut être également l'élément indispensable d'une stratégie familiale à long terme, comme chez Lucie : « J'ai été élevée dans des valeurs très bourgeoises où l'essentiel c'est la famille, les enfants. Quand j'ai décidé de me marier, j'ai choisi un homme sans rien d'extraordinaire, plutôt falot même. Mais avec lui, je sais qu'il ne peut rien nous arriver de grave. Je l'ai toujours trompé, évidemment il n'en sait rien. Aujourd'hui, on a trois enfants et je sais qu'on finira nos jours ensemble. »

Un amant oui, mais pas n'importe comment

Le choix d'un amant est toujours délicat. Souvent vous ne songez qu'à votre seul plaisir et vous oubliez le plus important. Un amant, c'est fait pour vous faciliter la vie, pas pour vous la compliquer. Il est là pour renforcer l'amour, votre couple, pas pour les détruire. L'amant idéal, c'est l'étranger de passage, l'inconnu d'un soir quand vous êtes entre deux avions ou en week-end à Deauville pour un séminaire, votre voisin de bungalow dans une île perdue des Caraïbes. Au moins, ceux-là, vous êtes certaine qu'ils n'ont pas plus que vous envie de se lier, qu'ils disparaîtront de votre lit et de votre existence aussi vite qu'ils y seront entrés. En choix numéro deux : l'homme marié (si possible avec enfants). Il comprend (il anticipe) votre désir de discrétion. Ensuite, il ne vient pas faire de vagues à votre porte. Sauf s'il est déjà dépressif, plus ou moins en rupture avancée dans son propre couple. Auquel cas, il peut s'accrocher à vous comme à une planche de salut. Choisissez vos amants parmi les autosatisfaits, les suroccupés, c'est toujours moins risqué. Le garçon qui se cherche, l'homme au chômage, c'est forcément problèmes et prises de tête. Ils ont trop de temps libre pour ne pas avoir d'états d'âme et de nombreuses occasions de vous relancer. Dans l'idéal aussi, un amant, ça ne doit servir qu'une fois. Revoir un amant, c'est comme rentrer dans la clandestinité. Ça peut mal se terminer.

L'infidélité du 14e jour

« Désolée, chéri, mais c'est pour le bien de l'espèce ! » Voilà une bonne excuse toute trouvée si vous êtes prise en flagrant délit d'adultère et si, comme nombre de vos congénères, l'incartade se produit pendant votre période d'ovulation. Deux psys américains, Steven W. Gangestad et Marie G. Haselton, viennent en effet de montrer que les femmes seraient plus enclines à aller voir ailleurs en période de fertilité (généralement autour du 14e jour du cycle menstruel). Liée aux variations hormonales, l'infidélité féminine pourrait jouer ainsi un rôle dans l'évolution : « Au moment où les femmes ovulent, la nature les encourage à chercher un mâle au meilleur *pool* génétique, expliquent les chercheurs. Quitte à passer outre leur partenaire habituel si elles ne le jugent pas sexuellement attractif. » Rien d'étonnant donc si toutes les études de groupes sanguins, réalisées à travers le monde, montrent que, dans les grandes métropoles, 1 enfant sur 4 n'est pas le fruit de son papounet officiel.

Cinq erreurs à ne pas commettre

Prendre un amant peut être salutaire. À condition d'éviter les erreurs habituelles. Sinon, vous vous faites (et vous faites aux autres) plus de mal que de bien. Non seulement vous perdez les bienfaits d'une infidélité, mais en plus vous aggravez vos problèmes et vous prenez le risque de détruire votre couple pour rien. Erreurs les plus courantes quand on se jette dans les bras d'un autre :

Se sentir (trop) coupable

Vous avez fait une frasque, vous vous sentez un peu coupable, c'est naturel. On ne viole pas le Septième Commandement : « Tu ne commettras point l'adultère », sans un minimum d'inquiétude. Les sentiments de culpabilité que vous pouvez éprouver après une nuit torride passée dans les bras d'un autre homme doivent rester positifs. Vous avez pris du bon temps et, en plus, vous avez la satisfaction d'avoir « mal agi » en toute impunité. Normalement, vous n'avez pas à vous sentir honteuse. Passer à l'acte, en principe, ça soulage. Si le remords vous ronge, c'est que vous n'êtes pas claire dans vos désirs. Vous êtes infidèle pour de mauvaises raisons (dépit, agressivité, etc.) ou d'une manière trop impulsive (vous êtes dépassée par les événements). L'infidélité (même d'une heure), ça doit être un choix. Trompez-le si vous voulez, mais trompez-le joyeusement. Si, en plus, vous devez lui faire subir vos mines coupables, laissez tomber. Ce n'est même pas la peine d'y songer. Vous n'êtes pas de la chair dont on fait les infidèles. Vous n'arriverez pas à vivre avec, vous aurez forcément envie d'en parler, de vider votre sac. Ce qui vous amène droit à commettre une deuxième erreur.

Tout avouer

Souvent après on regrette. On se sent trop coupable, on a envie de se confesser, besoin que l'autre donne son absolution. « Mais si, mon chéri, je t'aime quand même ! » Vous jouez avec le feu. L'homme qui partage votre vie ne vous aime sans doute pas au point de l'accepter. Voire, votre infidélité l'arrange et lui donne une bonne raison de se débarrasser de vous avec bonne conscience. Dans le meilleur des cas, il vous pardonne, mais il n'oublie jamais, il ne vous fait plus vraiment confiance. En plus, chaque fois que vous avez un problème, il a un coupable tout trouvé. C'est forcément votre faute. Votre moment d'égarement devient le péché originel de votre couple. Trop de culpabilité pousse aux aveux, mais on avoue aussi parfois par naïveté. On ne voit pas son chéri de la même façon avant et après une infidélité. Avant, on se sent loin ou s'éloignant, on n'imagine plus se parler vraiment. Après, on se rapproche (c'est le but de l'opération) et l'on croit à nouveau pouvoir tout partager. Méfiez-vous. Après une infidélité, votre partenaire habituel vous semblera souvent, dans la joie des retrouvailles et le soulagement du « pas vue, pas prise », plus compréhensif, plus tolérant qu'il ne l'est vraiment. C'est une illusion. N'avouez jamais, même s'il vous fait des ouvertures qui vous laissent penser qu'il (que votre amour) est au-dessus de tout ça.

Se faire piéger par le sexe

Une erreur commune surtout quand on fait ses débuts dans l'infidélité. C'est souvent mieux sexuellement avec un oiseau de passage qu'avec l'homme avec qui l'on partage tous les jours sa salle de bains. Au départ d'une infidélité, il y a toujours du manque et de la frustration. Ajoutez à cela le plaisir (narcissique) de la conquête, l'enthousiasme (romantique) de la nouveauté et l'excitation de l'interdit, de la transgression, vous avez un cocktail des plus aphrodisiaques. Faire l'amour dans ces conditions, c'est comme raconter sa vie à un inconnu au coin d'un bar. On se lâche d'autant plus complètement qu'on n'imagine pas se revoir. Naturellement, dans ces moments-là, vous faites des comparaisons. Vous vous dites qu'avec Paul c'est quand même mieux (beaucoup mieux) qu'avec Pierre. Songez à ce que deviendraient vos désirs et vos performances (les siennes comme les vôtres) si, au lieu de partager quelques instants volés, vous deviez affronter le quotidien. Un amant, c'est merveilleux tant qu'on n'en fait pas une habitude.

S'installer dans l'infidélité

Pour avoir quelques vertus « thérapeutiques », une infidélité doit être éphémère, épisodique. Sinon vous entrez dans un système de double vie qui n'est pas jouable sur la longueur. Vos sentiments, vos désirs pour l'un et l'autre deviennent rapidement contradictoires. Vous vous sentez de plus en plus déchirée, incapable d'être tout à fait bien ni avec l'un ni avec l'autre. Le fait de devoir jongler sans cesse avec vos emplois du temps vous complique en plus terriblement l'existence. Moralement, ça finit aussi par devenir un enfer. Il faut être à la limite de l'inhumain pour arriver à vivre des années dans un double mensonge. L'expérience montre que les doubles vies se terminent généralement assez mal. Elles font souvent trois malheureux au lieu d'un seul. Mieux vaut prendre rapidement ses cliques et ses claques, sortir de table avec un petit creux. Ça laisse de bons souvenirs et, pourquoi pas, l'envie un jour d'y revenir (avec un autre).

Tomber amoureuse

La plus grossière erreur que l'on puisse commettre en étant infidèle. C'est comme faire bouillir un légume, ça tue toutes les vitamines. Vous pouvez rencontrer l'amour à l'occasion d'une infidélité, mais le miracle est rare. Croire à l'amour dans ces cas-là fait partie des grandes illusions de ce monde, surtout chez les femmes.

À la différence des hommes, vous avez besoin de vous raconter des histoires d'amour pour passer sexuellement à l'acte. Quatre-vingt-douze pour cent des Françaises qui ont déjà trompé leur mari affirment ne pas l'avoir fait moins par curiosité que par amour.

Ici encore, il ne faut pas lâcher la proie pour l'ombre, sacrifier Pierre à Paul. Une « bonne » infidélité se traduit toujours par un regain de sensualité et d'affection. Mais normalement, c'est vers votre homme de tous les jours que ça doit « revenir ». C'est votre relation qui doit en profiter. Sinon, vous sombrez dans une espèce de fuite en avant où un clou chasse l'autre. Toute votre vie, quelle que soit la qualité de vos amours, vous continuerez à penser que l'herbe est plus verte ailleurs.

Retours d'affection

Garder la magie

« Dis donc, tu as vu l'heure ? Déjà 11 heures ! Bon, allez, je te ramène (ou « on rentre »), j'ai du boulot demain. » Dix minutes plus tard, Ariane se retrouve en rade dans ses draps. Hébétée. Le « grand amour » de ses vacances, l'homme qui ne comptait pas les heures du plaisir, a muté en néolégume des villes. Mauvaise surprise. On trouve un homme, ou on retrouve son homme, on s'aime comme une première fois, on se dit que ça va continuer à la rentrée et, là, flop. Fini l'état de grâce. Ça n'accroche plus. Il n'est plus tout à fait le même homme. Vous n'êtes pas vraiment la même femme. Votre amour de vacances ne joue pas les prolongations. Deux raisons à cela. La magie et l'inertie. La magie particulière des vacances qui exalte nos amours. L'inertie de la vie « normale » qui plombe nos retours. Gardez la magie, vous gardez l'amour. Vous pouvez transformer votre rencontre de l'été en histoire vraie. Ou prolonger au-delà de la rentrée votre amour retrouvé. Une condition cependant, d'abord…

Séparez le bon grain de l'ivraie

Toutes vos amours de vacances ne sont pas bonnes à garder sinon comme souvenirs (excellents). Ce n'est pas forcément une bonne idée de se revoir après les vacances. On s'aime en vacances comme on s'aime pendant la guerre dans un temps entre parenthèses. On s'aime d'autant plus fort qu'on se dit inconsciemment que ce n'est pas sérieux. Ça reste un jeu. On sait qu'on ne se mariera pas, qu'on n'aura pas d'enfants, les couches à changer, des traites à payer. Alors, on se lâche, on va beaucoup plus loin dans ses sentiments (et sexuellement). On ouvre tout grand son cœur parce que c'est sans conséquence. Tout va beaucoup plus vite aussi. On sait qu'on n'a pas le temps, on s'aime au présent. Ces amours là, qui ne naissent que parce que c'est les vacances, doivent mourir avec elles. Reconnaissez-le. Vous avez passé de merveilleux moments, mais c'est fini. C'est mieux de garder de bons souvenirs que de faire de « l'acharnement érotique » pour prolonger dans la vie réelle un amour de fête.

Repartez de zéro

Le temps des vacances, c'est le temps de la fête. Un temps qui fonctionne avec sa logique, ses règles particulières. Changement de décor, de rythme, rupture avec les habitudes, on est plus disponible, plus ouvert, plus confiant. On oublie ses inhibitions, ses complexes ou ses griefs (surtout quand le soleil et le petit rosé tapent fort). C'est pour ça que les rencontres et les retrouvailles, les grands « chocs amoureux » ou les petites aventures sont plus fréquents pendant les vacances. Dans les couples, la vie sexuelle est plus intense (46 % des femmes l'affirment), les infidélités plus nombreuses (39 % des Françaises l'avouent). Quand on se trouve ou qu'on se retrouve en vacances, on fait souvent l'erreur de croire qu'on peut se contenter de transplanter la nouvelle relation ou de continuer l'ancienne. Ça ne marche pas. Le meilleur moyen de garder l'amour, c'est d'abord d'imaginer la fin des vacances comme une espèce de rupture. Bien sûr, il y a les souvenirs des moments partagés, mais faire une rentrée à deux, c'est comme repartir de zéro. Séduire à nouveau (être séduite aussi), reconstruire la nouvelle ou l'ancienne relation sur d'autres bases, en tenant compte de la réalité métro-boulot-dodo.

Décompressez d'abord

Le cœur qui bat la chamade, le corps qui tremble, l'âme qui vacille, en temps normal, c'est déjà des hautes pressions. En vacances, la psychophysiologie amoureuse est encore plus intense. Hormones, petites cellules grises et roses, atomes crochus, tous les indicateurs sont au rouge. La machinerie du désir s'emballe, les plaisirs s'affolent. C'est vivable tant que vos seules contraintes consistent à choisir entre deux maillots, une virée en boîte le soir ou en canyoning demain à l'aube. La rentrée, c'est un rappel à l'ordre. Vous devez renouer avec votre univers habituel, reprendre le collier, régler des urgences. Autant d'obligations souvent incompatibles avec des amours en continu hautes pressions. Tenter de soutenir le même rythme, c'est fatalement multiplier les problèmes, les risques d'accidents entre votre vie et la sienne ou les occasions de conflits dans votre couple. En rentrant, vous devez d'abord décompresser pour éviter un retour trop brutal à votre « pression amoureuse normale ». D'abord, vous retrouver vous-même, réorganiser votre existence. Ensuite, seulement, retrouver l'autre (le nouveau ou l'ancien remis à neuf) et vos amours.

(Ré)accordez vos vies en douceur

Tout va très vite quand on s'aime en vacances. Les étapes brûlent. On se rencontre l'après-midi, on s'aime dans la nuit, au petit déjeuner, on se promet (encore) l'éternité. Finalement, on ne se quitte plus, on partage tout et, très rapidement, s'installe une illusion de vie quotidienne. Vous faites tout à deux mais c'est que du bonheur, des plaisirs. Résultat, vous imaginez que c'est facile de (re)vivre ensemble, que vos existences, comme vos corps, peuvent s'emboîter sans problème. Du coup, en rentrant, vous allez trop vite. Vous vous précipitez pour vous fixer dans la vie ou les meubles de l'autre, pour mélanger vos emplois du temps. Mais là, forcément, ça coince. Vous avez votre vie, plus ou moins bien pleine. Il a la sienne. Pour que la greffe prenne, vous devez (ré)accorder vos vies progressivement. Sinon vous allez, très vite aussi, le trouver (ou vous montrer) très envahissant et faire (ou subir) une grande crise de rejet.

Prenez le temps de vous connaître vraiment

Autre illusion vacancière : au bout d'une semaine, on croit qu'on se connaît par cœur. Parce que tout va plus vite en vacances, mais aussi à cause du syndrome de l'exilé. Ailleurs, même en France, on se sent inconsciemment en terre étrangère. On est toujours dépaysé, même quand on retourne sur les lieux de son enfance ou tous les ans à l'île de Ré. Du coup, quand on se (re)trouve des affinités, quand on se reconnaît, on se sent plus proches qu'on ne l'est vraiment. On vit pareil, on se croit pareil. Pire, en trois jours, chacun pense tout savoir de l'autre. Faux. Vous n'avez saisi que l'écume, vous n'avez vu que le haut de l'iceberg, la personnalité vacances, le côté cigale de la bête. C'est comme votre chéri retrouvé. Si vous étiez en désamour, ce n'est pas par hasard. De retour en ville, vous devez en tenir compte et adapter vos comportements en conséquence. Partir du principe que vous pouvez avoir quelqu'un de très différent en face de vous. Sinon, chacun ressortant son côté fourmi, vous avez souvent tout faux.

Sortez de votre inertie

Souvent, on sous-estime le poids du réel, de la routine, de ses habitudes et des préjugés. On trouve ou l'on retrouve l'amour en vacances. On prend des bonnes résolutions. Ce coup-ci, on ne laissera pas mourir le désir avec le compagnon de ses jours. On ne passera pas à côté de la grande rencontre de sa vie. On ne sera plus négligent(e), on n'aura plus peur. Et puis, l'existence normale reprend son cours. Le boulot, les enfants, la famille, les ex, les amis... Insidieusement, on se détache. On revient à son *statu quo* d'avant. C'est toujours plus facile de vivre avec ses vieux problèmes qu'en affronter de nouveaux. On a tous dans notre tête et sur nos rails une force d'inertie qui s'oppose au mouvement, fait obstacle au changement. Une inertie encore plus grande si vous avez retrouvé votre amour d'hier. Vous n'avez même pas l'excitation (passagère) de la découverte de l'univers de l'autre, son appart, ses copains, son job, sa famille. Garder l'amour, c'est lutter chaque jour contre cette inertie. Donner la priorité à ses sentiments, rester vigilante sur la relation. Ça demande une bonne dose de volonté et quelques sacrifices. D'abord faire un peu de place dans votre quotidien, élaguer l'inutile et les amours mortes. C'est aussi comme ça que vous mettrez dans votre vie un peu-beaucoup de la magie de vos vacances.

Recapter son attention

Il n'est jamais là, il traîne tout le temps au bureau, il a toujours du boulot le week-end, il fait des virées avec ses copains. Vous le voyez entre deux portes, pas assez, pas vraiment. Il reste des heures scotché devant la télé à demi halluciné. Il ne fait presque plus attention à vous, il est trop occupé ou trop crevé pour vous parler, vous écouter, sortir, faire l'amour... Il est temps de le secouer un bon coup. Sinon, bientôt, ce n'est plus un homme que vous avez dans votre vie ou dans votre lit, mais un zombie. Bien sûr, vous pouvez profiter de son absence pour lui être infidèle. Vous pouvez compenser dans d'autres bras en espérant plus ou moins consciemment qu'il va sentir que quelque chose ne tourne pas rond dans votre couple, et faire automatiquement un effort. Ne rêvez pas, la plupart des hommes sont aveugles. À moins de vous surprendre avec votre amant, il n'imaginerait pas qu'il y ait un problème. Il ne se doute pas un seul instant que vous êtes en manque de lui. Le tromper en vrai, cela ne le rendra pas plus présent. Il y a d'autres façons de lui être infidèle. Plus subtiles et, surtout, beaucoup plus efficaces si vous voulez éveiller sa jalousie pour récupérer son attention et le rendre plus prévenant. Concrètement, cela consiste à le déstabiliser progressivement d'une manière sournoise afin qu'il se rende compte (enfin, à nouveau...) que vous existez. Pour cela, vous devez utiliser quelques subterfuges.

Changez vos habitudes

Il ne vous « voit » plus parce que vous faites partie de son décor quotidien. Vous êtes une pièce dans son puzzle au même titre que son job, ses copains, sa voiture, etc. Quand il a besoin de vous, il n'a plus à chercher : il sait où vous trouver. Il ne prend plus la peine de réfléchir pour vous localiser. Vous êtes devenue prévisible parce que vous avez des habitudes. Changez-les. Restez plus tard au bureau ou rentrez plus tôt (pour aller vous faire une toile, par exemple, pas pour lui mijoter le mironton que réussissait si bien sa grand-mère). Affichez pas libre pour aller « supporter » l'équipe de softball du bureau, disparaissez plus souvent chez votre maman (prévenez-le seulement quand vous y êtes), aller zoner à l'improviste avec des copines. Inscrivez-vous le jeudi pour un séminaire de tai chi ou d'aquarelle le week-end qui suit, décidez à la dernière minute de faire une retraite trois jours dans un couvent, débrouillez-vous pour n'être pas là, ou moins là, quand il vous appelle à 19 heures pour vous demander « Qu'est-ce qu'on fait ce soir », ou quand il rentre mettre les pieds sous la table.

Peu importe : l'essentiel, c'est qu'il ne vous trouve plus aussi facilement, qu'il soit obligé de réfléchir pour vous situer, qu'il vous accorde plus d'attention qu'à son Palm Pilot.

Vivez sans lui ses passions à lui

Il vous a souvent proposé d'aller voir des matchs de foot, de vous apprendre à jouer au tennis, aux échecs... Vous avez toujours refusé. Virez à 180°. Devenez une fan de l'OM ou du PSG. Inscrivez-vous à un stage de tennis, un club d'échecs... Faites sans lui toutes les choses que vous n'avez jamais voulu faire avec lui. Il n'y a rien de plus crispant pour un homme, d'abord parce qu'il pense automatiquement qu'un autre homme est la cause de cet intérêt soudain. Il croit que vous avez rencontré un gardien de but, un moniteur de tennis ou un internaute.

Ensuite, parce que cet autre réussit à vous motiver là où il a lui-même échoué : dur, dur, pour son ego. Vous le mettez doublement en concurrence. Une fois en lui laissant imaginer un rival, une autre en lui laissant supposer que ce rival vous initie dans ses « spécialités » à lui, le menace sur son propre terrain.

Ne lui posez plus de questions

Tous les jours, vous lui posez beaucoup de questions : qui il a vu, avec qui il a déjeuné, comment ça s'est passé, à quelle heure il rentre, etc. Vous lui demandez aussi de vous aider, s'il peut vous accompagner ici ou là, venir vous chercher, ou ce qu'il pense de l'attitude d'Untel ou de la couleur de votre nouvelle robe. Il est habitué à vous rendre un minimum de comptes, de services, à donner son avis sur tout et rien. Sevrez-le brutalement. Ne lui posez plus de questions sur ce qu'il a fait ou ce qu'il va faire. Ne lui demandez plus rien, ni aide ni conseils. Résultat : il se retrouve un pied en l'air.

C'est comme quand on habite près d'une gare. On prend l'habitude de dormir en étant bercé par le bruit des trains qui passent à heures régulières. Quand les cheminots font grève, on se réveille. En arrêtant les questions, les demandes, l'effet est le même. Votre silence le réveille. Il devient spontanément plus attentif, d'autant plus qu'il prend conscience (plus ou moins rapidement) que vous pouvez très bien vous passer de lui.

Ne lui racontez plus rien

Le principe ici est le même : il a pris le pli d'écouter sans entendre quand vous lui racontez vos problèmes de bureau, la rougeole du petit dernier de la femme de ménage ou les déboires conjugaux de votre cousine germaine. Pour lui, c'est comme un bruit de fond, du babillage sans importance. Il n'y fait plus attention, mais en même temps il en a besoin. C'est un ronronnement familier, un signal subliminal de « normalité ». Ça veut dire : jusque-là tout va bien, je n'ai pas de souci à me faire. Cessez d'émettre, il est déboussolé. Inconsciemment, il s'inquiète. Encore plus quand il s'aperçoit que, tous les soirs, vous passez des heures au téléphone pour vous raconter dans le détail. Déjà ça l'énerve quand vous bloquez trop longtemps l'appareil. Mais là, en plus, il ressent confusément que vous êtes en train de lui échapper. Il finit par se poser des questions. Et il fait un effort pour faire un peu plus attention à vous.

Montrez-vous distraite

Œil pour œil, dent pour dent. Il manque d'attention, il ne vous écoute pas… Faites pareil. Ne l'appelez plus au bureau, ne lui demandez plus « Ça s'est bien passé aujourd'hui ? ». Débrouillez-vous pour avoir tout l'air d'être dans la lune. Faites-vous des regards rêveurs, des mines pensives, prenez un air absent, ailleurs, quand il vous raconte le énième épisode de sa dure lutte au couteau avec Deschamps pour savoir qui aura le privilège d'occuper le bureau à côté du saint des saints au septième étage, là où les lumières sont tamisées et où l'on s'enfonce dans la moquette jusqu'aux genoux. Montrez-vous de plus en plus distraite. Rangez son portable dans le réfrigérateur, ses chaussettes dans la bibliothèque, passez-lui le sel à la place du sucre, le sirop d'érable au lieu de la moutarde, versez son jus d'orange dans son bol, son café dans sa soucoupe. Répondez à côté (façon Professeur Tournesol) : « Oui, je suis contente » quand il vous demande « Qu'est-ce qu'on mange ce soir ? ». Posez lui des questions, mais n'attendez pas les réponses. Filez dans la salle de bains avant qu'il en ait eu le temps, ou décrochez en cours d'explication, faites des lapsus tout le temps. De cette façon, vous déclenchez une insécurité psychologique, vous semez le doute dans son esprit. Insidieusement, l'idée germe en lui que, peut-être, vous pensez à quelqu'un autre. Et plus il vous soupçonne de penser à quelqu'un d'autre, plus il fait attention à vous.

Peaufinez votre apparence

L'idée consiste à jouer directement sur ses impressions visuelles (il ne vous « voit » plus, mais il a quand même une vision périphérique) pour adresser des messages à son cerveau. Habillez-vous plus élégante ou plus sexy pour aller travailler. Sophistiquez votre maquillage avant de partir au bureau ou pour faire vos courses chez Casino. Tôt ou tard, il se demande pourquoi vous êtes toute pimpante, et qui vous voulez impressionner. Idem pour le retour à la maison. Refaites-vous toujours une beauté avant de rentrer. Même s'il est particulièrement aveugle, il finit un soir ou l'autre par réaliser que, normalement, vous ne devriez pas être aussi fraîche après une longue journée. Vous pouvez aussi maigrir ou changer de coiffure. Beaucoup d'hommes savent que c'est, souvent, le signe qu'une femme est amoureuse. Mais inutile de vous ruiner en nouvelles fringues. La plupart des hommes ne sont pas sensibles à ce genre de changement. En revanche, vous pouvez renouveler votre lingerie fine (cela, il le remarquera) et arborer des tenues ou des couleurs auxquelles vous ne l'avez pas habitué.

Piquez des fous rires avec les autres

Vous lui reprochez (comme 71 % des femmes) d'être brillant dehors et de faire la tête à la maison. Adoptez le même genre de tactique, mais en plus subtil. Ne boudez pas, ça ne sert à rien. Au mieux, il vous demandera sur le moment ce qui se passe et il retournera ensuite vite fait à ses préoccupations à lui. Au contraire, montrez-vous souriante mais pas plus. Vos crises de rire, réservez-les aux autres. Ne ratez aucune occasion. Même quand ce n'est pas drôle, forcez-vous. Esclaffez-vous avec vos voisins de table dans les dîners en ville, piquez des fous rires au téléphone avec vos copines, gondolez-vous avec son patron, sa mère ou ses copains. En général, un homme ne le supporte pas. Automatiquement, il se demande : « Pourquoi elle rit comme une folle avec les autres et pas avec moi ? » Et il imagine plus de complicité que vous n'en avez réellement avec eux. Il se sent exclu. Pire même, parfois il devient parano. Il croit que vous vous moquez de lui. Forcément, il reprend conscience que vous existez.

Racontez-lui vos rêves X

Une moitié de notre vie amoureuse se passe en rêves. Tacitement, dans un couple, on fait comme si cela n'existait pas. Même les plus jaloux, ceux qui suivent leur partenaire dans la rue, fouillent dans son sac, ses poches, son portefeuille, épluchent son agenda ou ses relevés bancaires, ne le suivent pas dans ses rêves. Pourquoi nos rêves X sont-ils si tabous ? Parce qu'on a tous besoin de garder un jardin secret, d'avoir une vie privée qui n'appartient qu'à nous. Mais aussi parce qu'on rêve plus souvent d'un (une) autre. C'est une règle du rêve X : sauf grosse frustration, on rêve rarement érotique avec le compagnon ou la compagne de ses jours, sauf au tout début d'une relation. Nos nuits chaudes sont plus souvent peuplées par nos ex, des proches, des corps sans visage, des inconnus ou des vedettes du cinéma, de la télévision, de la chanson ou de la politique. Les raconter (inventez si vous n'en faites pas), c'est un moyen futé pour faire passer un message, aborder avec son compagnon sans le culpabiliser un problème sexuel ou affectif, en tout cas (re)capter à coup sûr son attention. Mais prudence au début. Commencez par des rêves anodins (pour tâter le terrain). Vous pouvez présenter les choses comme un jeu : « Je te raconte mon dernier rêve cochon, tu me racontes le tien. »

Faire durer une histoire

Qu'est-ce qui fait qu'un homme craque ? Vous donnez à un homme le bon Dieu sans confession. Vous épousez un parangon de vertu. Il ne lève jamais les yeux sur une autre femme. Il s'excuse quand il rentre avec cinq minutes de retard. Il sort les poubelles tous les soirs et les enfants le dimanche. Il vous tient la main quand vous vous sentez petite fille perdue. Ça fait des années que vous vivez ensemble un bonheur tranquille, une relation plutôt enrichissante. Vous n'êtes pas pour autant à l'abri. Un homme, même un modèle de stabilité et de fidélité, parfois ça craque. Pas toujours, mais ça arrive assez souvent. Pour plusieurs raisons. Structurelles : un homme possède une chimie, une mécanique différentes, et vous avez toujours tort d'imaginer qu'il fonctionne comme vous. Des raisons conjoncturelles aussi : il réussit ou non dans son job, il vieillit plus ou moins bien. Et puis, surtout, il fait des rencontres. La plupart du temps sans conséquence. Il résiste à la tentation. Ou, s'il fugue dans d'autres draps, c'est momentané, il revient. Sauf que, un jour, il fait une rencontre déclic qui le décide à tirer un trait définitif sur votre couple. Il part pour une autre. Bien sûr, s'il fait La rencontre de sa vie, s'il (re)trouve sa moitié, son grand amour, total, définitif et absolu, vous n'y pouvez rien. Mais c'est vraiment très exceptionnel. La plupart du temps, il craque pour une femme, qui le « déclenche » parce que vous n'avez pas vu qu'il était mal dans sa peau et dans sa vie avec vous. Vous ne vous êtes pas assez souciée de ses besoins et de ses attentes. En faisant un peu plus attention, vous pouvez limiter considérablement les risques d'infidélité ou, pis, de rupture. Comment faire durer une histoire d'amour, donner un maximum de chances à votre couple ? Simple. À condition de réactiver en permanence votre homme dans la bonne direction.

Gardez-le « mobile »

Vous vivez et vous travaillez avec des hommes. Vous les voyez faire tous les jours les mêmes choses. Ils vous donnent l'impression d'être solides, résistants. À « développement durable ». Et ils le sont souvent. Alors, vous en concluez qu'ils sont stables. Sinon autant, en tout cas pas moins, que les femmes en général. Faux. Les hommes sont par nature instables. C'est génétique, chromosomique, hormonal. La chimie d'un mâle, c'est différent. Un homme, ça doit bouger, sinon ça a l'impression de mourir. Il n'y a qu'à voir les spermatozoïdes se précipiter vers leur destin. L'homme est fondamentalement fait pour le mouvement : c'est un nomade, un chasseur. Sous l'nfluence d'une femme, il peut se sédentariser. Il accepte de se poser pour la reproduction, la sécurité, la protection. Mais, chaque fois qu'il le fait, il force sa nature. Un jour, ses instincts (pas vraiment animaux, il n'y a rien de plus constant qu'une bête dans ses habitudes) peuvent reprendre le dessus. Ne donnez jamais à un homme l'impression qu'il est définitivement casé, avec pour seule perspective de jouer les maris et les pères jusqu'à la fin de ses jours. Ne le comprimez pas dans une existence trop balisée par le travail, la maison, les enfants. Sa chimie devient encore plus instable quand il se sent enfermé. Ne le laissez pas s'encroûter dans ses habitudes, la routine de la vie à deux. Inconsciemment, il finit toujours, un jour ou l'autre, par vous en rendre responsable. Au contraire, gardez-le ouvert, mobile, poussez-le sans cesse en avant. Ne le laissez pas s'endormir dans de vrais ou de faux sentiments de sécurité. Fixez-lui des objectifs ambitieux, encouragez-le à rêver, à faire des projets. Un homme en mouvement cède moins souvent à la tentation du large.

Montrez-vous exigeante

Adam aurait pu se contenter de son bout de paradis, mais il a croqué la pomme. Les hommes, à quelques rares exceptions près, sont d'éternels insatisfaits. Quand ils touchent au bonheur, cet « état de la conscience pleinement satisfaite » *(Le Petit Robert)*, ils n'imaginent pas s'y installer. Ils sont incapables d'en profiter longtemps. Un homme, ça a besoin de se projeter. Ça a du mal à se borner au présent, aux acquis. Vous rendez votre homme heureux, il prend des kilos, et quelque part, là aussi, il vous en veut. Avec vous, il a l'amour, des enfants, une maison, un chien, une place au soleil. N'empêche. Son petit démon intérieur lui dit que sans vous, peut-être, il pourrait faire mieux ou plus... Un plus gros mammouth, un plus gros chèque, un harem, la femme idéale, devenir roi de Siam ou président de la République... Inconsciemment, ça le travaille. Et un jour, il est mûr. Il part pour une femme qui vous ressemble étrangement, mais qu'il imagine, Dieu sait pourquoi, mieux pour lui. Peut-être parce qu'elle a quelques centimètres en plus, des kilos ou des années en moins, un job ou des activités qui le branchent plus, une existence (croit-il) plus palpitante. L'attrait du neuf, mais sans les dangers de l'inconnu. Imparable souvent. Mais vous pouvez considérablement limiter les risques en vous montrant toujours plus exigeante pour la qualité de votre relation. Un homme qui se dit tout le temps « ce n'est pas gagné » ou « si ça ne va pas, elle va me quitter » est moins tenté d'aller voir ailleurs si l'herbe est plus verte. Plus vous lui demandez de faire des efforts pour devenir meilleur, moins il se disperse, plus il reste focalisé sur son couple.

Entretenez le manque

« Le bonheur, c'est simple comme... », clamait une pub. Pas si simple aujourd'hui, dans une société qui fait tout pour nous leurrer sur nos envies. D'abord en surstimulant nos neurones du plaisir. La diversité et l'abondance, au bout d'un moment, ça angoisse. La ménagère de moins et de plus de cinquante ans (une fois sur quatre, c'est un homme) se sent déjà perdue, constatent les spécialistes du marketing en hyper. Elle a trop le choix, alors elle achète moins. Dans un couple, c'est pareil. Le bonheur, l'amour agissent comme une drogue. Un homme est mal quand il est en manque, mais, en même temps, quand c'est tous les jours, il sature. Le plaisir a besoin d'oppositions pour fonctionner et le désir de manque. On apprécie mieux un sauté de queues de langoustines avec une poignée de girolles quand on a un petit creux. Le monde paraît mille fois plus beau après une grosse grippe. Interrogez un Esquimau sur son bonheur de retrouver le soleil après six mois de nuit. Un montagnard sur son plaisir de revoir du vert en avril. Un Palestinien sur son désir d'une terre. On aime mieux aussi quand l'autre nous manque. Bref, la vie à deux, ça ne doit jamais être une vie « collée ». Rien ne vous oblige à passer toutes vos soirées, tous vos week-ends ou toutes vos vacances ensemble. Disparaissez régulièrement, le compagnon de vos nuits prend conscience de tout ce qu'il pourrait perdre et, automatiquement, il s'accroche.

Redonnez-lui envie d'avoir envie

« J'ai oublié les rêves et les mercis/Toutes ces choses qui avaient un prix/Qui font l'envie de vivre et le désir/Et le plaisir aussi/Qu'on me donne l'envie, l'envie d'avoir envie/Qu'on m'allume ma vie... » chante Johnny (paroles de Jean-Jacques Goldman). Quand un homme est petit, il a le courage de faire plein de choses. Il a envie de construire une cabane, de faire un bonhomme de neige, de grimper à un arbre, il le fait. Il ne pense pas aux risques, aux échardes dans les doigts, aux mains gelées, à ne pas pouvoir redescendre. Ce n'est pas grave. Il a confiance. Il y a toujours quelqu'un pour aider, soigner les bobos, le prendre dans les bras s'il a mal. Quand il est grand, il n'ose plus. Il bloque sur ses vraies envies. C'est comme ça d'ailleurs qu'on peut souvent les reconnaître. Il pense aux conséquences. Il se demande ce que cela va lui apporter ou « Pourquoi je ferai ça aujourd'hui, je peux continuer à m'en passer ». Prises de tête, engrenage. Le seul moyen pour lui d'en sortir, c'est de dire basta, en donnant une bonne fois pour toutes la priorité à ses envies. Cela lui demande de faire un effort. Pas un effort pour assurer comme d'habitude, mais un effort gratuit, pour le plaisir. Difficile souvent parce que la culpabilité, le regard des autres ou la peur de l'échec sont toujours mortels pour ses désirs. Ça fait des années que votre compagnon a envie de chanter des airs d'opéra, de se mettre au roller ou de faire un raid en traîneau dans le Grand Nord. Mais, bon, cela lui demande du temps, et ce temps-là, il va forcément le prendre sur d'autres choses. Il pense à tout ce qu'il a à faire, à son job, à vous, aux enfants. Il se dit : « C'est trop compliqué », « c'est trop dur, je n'y arriverai jamais », « c'est trop ridicule, je vais avoir honte » ou « c'est trop tard, je suis trop vieux pour ça ». Tout cela, aidez-le à l'oublier. Quand un homme se fait du bien, ça déteint sur son entourage. Une vraie envie, c'est peut-être très personnel, mais ce n'est pas égoïste. Non seulement ça ne vous enlève rien, mais ça peut vous donner beaucoup. Alors, encouragez un homme à réaliser ses rêves (même si cela doit vous compliquer l'existence), à vivre des passions, il vous en sera toujours reconnaissant.

Soyez égoïste, c'est plus généreux

Tous les jours, au nom de l'autre, vous faites des sacrifices. Vous renoncez à des plaisirs. Vous oubliez vos intérêts personnels. La plupart du temps, ce n'est pas très important. Cela n'a rien de dramatique si vous n'achetez pas le petit-ensemble-qui-vous-va-à-ravir en pensant que votre gamine a besoin d'un manteau neuf. Ou si vous ne prenez pas une semaine de vacances pour ne pas abandonner le compagnon de vos nuits bloqué par son job. Mais, parfois, vous renoncez à des choses plus essentielles. C'est le cas quand vous abdiquez votre personnalité pour être plus conforme à l'image qu'un homme a de vous. Quand vous mettez une croix sur vos propres passions, vos projets et vos aspirations pour mieux correspondre à ses attentes. Ou quand vous restez avec un homme que vous n'aimez plus parce que vous avez des enfants avec lui et qu'une illusion de famille vaut mieux qu'un divorce. Chaque fois, vous pensez que le sacrifice en vaut la peine. Vous le justifiez, et vous le supportez en faisant appel à vos bons sentiments. Vous devez bien ça à votre maman, à votre compagnon ou à vos enfants. Vous vous trompez. Pour plusieurs raisons. D'abord, ce qui est bien pour les autres, vous n'en savez rien. Votre enfant a peut-être moins besoin d'un manteau neuf que d'une maman bien dans sa peau. Votre compagnon éprouverait peut-être un grand bonheur à passer quelques jours sans vous. Ensuite, un égoïsme bien dosé consiste aussi à renvoyer chacun à ses problèmes. Surtout qu'à moins d'être une sainte, chaque fois que vous faites preuve d'abnégation, vous culpabilisez toujours un peu (ou beaucoup) les autres. On ne peut pas tricher avec les frustrations. Quand vous êtes malheureuse, vos proches le sentent même si vous faites tout pour le leur cacher ou s'ils affectent de ne pas le voir. En plus, c'est humain, nous avons tous plus ou moins tendance à reprocher à ceux que nous aimons tout ce que nous faisons pour eux et qui nous coûte trop. Chaque fois que vous vous sacrifiez, vous négligez ce qui fait le déclic de l'altruisme et de la générosité. « Aime ton prochain comme toi-même », c'est d'abord une injonction à l'amour de soi. On ne peut pas vraiment aimer les autres sans d'abord s'aimer soi-même. Alors, pensez d'abord à vous. N'oubliez jamais que le plus beau cadeau que vous pouvez faire à un homme, c'est d'être heureuse, de lui montrer que vous aimez la vie. C'est, de toute façon, toujours plus positif, même si parfois, sur le moment, il râle parce que cela le contrarie dans ses plans ou lui crée des problèmes.

Redonnez-lui le beau rôle

Beaucoup de nos difficultés relationnelles viennent du fait qu'on n'imagine pas que nos plaisirs ou nos intérêts puissent être différents. C'est vrai que les désirs et les aspirations des hommes et des femmes peuvent être sensiblement les mêmes. Mais les priorités, les exigences ne sont pas nécessairement en phase. Vous le voyez bien, par exemple, quand vous vivez à deux. Vous n'avez pas toujours les mêmes envies, ni les mêmes envies aux mêmes moments. Vos intérêts ne coïncident pas forcément. Il peut avoir envie d'une virée avec ses copains en boîte, alors que vous n'avez qu'une hâte : retrouver votre bouquin. Il peut avoir besoin d'un bébé pendant que vous vous obsédez sur une carrière, rêver d'un appartement en ville et vous d'une maison à la campagne. Ou l'inverse. Peu importe. Le fait est que, souvent, quand vos désirs ne collent pas, vous avez tendance à faire passer les siens en priorité. Vous vous dites : « Je l'aime, je veux le rendre heureux. » Mais, en réalité, c'est un vieux réflexe « deuxième sexe ». Vous avez été conditionnée par quelques siècles d'éducation patriarcale pour passer après les autres. Les quarante dernières années de féminisme n'ont pas changé grand-chose à ce niveau. Au nom de l'amour, vous continuez la plupart du temps à vous effacer. Vous pensez que c'est mieux pour votre couple, que, de cette manière, vous faites le plus grand bien à l'homme que vous aimez. Vous avez tort. Chaque fois que vous faites passer votre plaisir ou votre intérêt après les siens, vous lui donnez automatiquement le mauvais rôle. Vous faites peser sur lui une responsabilité insupportable (surtout s'il n'est pas particulièrement égoïste). Si vous n'êtes pas heureuse, ça devient sa faute. Et, forcément, heureuse, vous ne pouvez jamais l'être complètement, durablement. Même si c'est un homme merveilleux, il ne peut pas savoir mieux que vous ce qui est bon ou plus important pour vous. Même s'il vous donne beaucoup, il ne peut pas vous donner plus que ce qu'il a. Prenez en main vos plaisirs et vos intérêts, vous lui redonnez le beau rôle. Vous lui évitez de culpabiliser et vous ne lui reprochez plus, ou beaucoup moins, de manquer d'attention ou de ne pas s'occuper assez de vous. En somme, vous le rendez plus heureux et donc plus amoureux.

Accompagnez-le dans ses crises

Les hommes, comme les kangourous, sont branchés en courant alternatif. Ils progressent dans leur vie en faisant des bonds. À partir de la puberté, ils ont besoin de faire régulièrement leur crise. Tous les dix ans (en moyenne), ils passent par une phase « Qui-suis-je-où-vais-je-pourquoi-je... ? ». Ils doutent en bloc. Ils se purgent parce que en temps normal ils ne se posent pas beaucoup de questions vraiment dérangeantes. Dans la Kabbale, le livre de la mystique juive, il est dit : « Dieu compte les larmes des femmes. » Comprendre : les femmes pleurent parce qu'elles sont plus conscientes des choses. Les hommes le sont moins. D'où de grandes remises en question périodiques. La pire, elle est souvent fatale pour un couple, est celle du milieu de la vie. Alors, n'attendez pas qu'il ait quarante ans pour encourager le compagnon de vos nuits à se poser plus souvent des questions essentielles sur le sens de sa vie ou l'avenir de la planète. Quand il s'interroge un peu tous les jours, quand il doute un peu plus souvent, ses crises sont, ensuite, moins brutales. Essentiel aussi de l'accompagner quand elles se déclenchent, d'en parler avec lui et de l'obliger à en parler. Un homme qui doute, c'est vulnérable, influençable. En traitant le problème par-dessus la jambe, genre « il fait encore sa crise », vous risquez de le voir se pencher vers une oreille plus compatissante.

Ne le laissez pas tomber

On se rencontre, on s'aime, on vit ensemble. On fait les choses naturellement. Un nid, des enfants, une existence organisée… Souvent aussi, on pare au plus urgent : on pense pratique et on ne se parle pas vraiment, pas assez. Au bout de quelques années, on se retrouve avec une vie toute construite. On s'aperçoit tout à coup que ce n'est pas l'existence qu'on voulait mener ou qu'on n'a plus aujourd'hui le même idéal de vie qu'hier. Dans ce cas-là, un homme et une femme réagissent différemment. Vous avez tendance à vous accommoder plus facilement de la situation. Vous pensez réformes, aménagements, quand votre mode de vie n'est pas exactement celui que vous souhaitez. Un homme, mal dans sa vie de couple ou de famille, espère ou rêve plus souvent en termes de révolution, de changement radical. Il dit : « Et si on partait s'installer à la campagne ! » (ou à l'étranger), « Ce serait bien de vendre la maison et de vivre sur un bateau. » Vous, forcément, vous faites un blocage. Vous imaginez déjà l'élevage de chèvres dans le Larzac, de moutons en Australie ou de crevettes dans les îles. Avec votre job, vos amis, en ville, vous vous voyez mal repartir de zéro dans un coin où vous ne connaissez personne, ou sillonner les mers du Sud. Vous pensez : « Il disjoncte, le pauvre chéri », et vous faites la sourde oreille. Erreur. En ignorant ce genre de symptômes, vous n'écoutez pas le vrai message : « Je ne suis pas bien dans ma vie, je veux en changer avec toi. » Vous lui donnez le sentiment (plus ou moins conscient) qu'il n'a plus rien à attendre de vous. D'une certaine manière, vous le laissez tomber. Et vous le poussez presque automatiquement dans les bras d'une autre. Une femme, comme par hasard, totalement différente de vous : votre contraire sur tous les plans, physique, psychologique, moral... Vous êtes une petite blonde slave aux yeux bleus. Elle est grande, brune, méditerranéenne avec les yeux marron. Vous avez des tendances narcissiques, des amitiés légères ; vous aimez les romans d'amour et les salades de saison. Elle a des tendances obsessionnelles, des amis-de-trente-ans ; elle aime Kant et les gnocchis au gorgonzola. Il craque justement à cause de cette extrême différence. Elle donne corps à son désir de changement. Avec elle, il peut à nouveau croire qu'il sera « un autre homme », qu'il aura « une autre vie »...

Thérapies conjugales

Quand ça va mal, ça ne va plus, est-ce la solution ? Pas vraiment. Plusieurs études américaines montrent que les couples qui ont consulté un thérapeute dans l'espoir de résoudre leurs problèmes conjugaux souvent n'y parviennent pas. Bien au contraire, si l'on en croit *The New York Times* : « Deux ans après la fin de la thérapie, 25 % des couples ont vécu une dégradation accentuée de leurs relations et, après quatre ans, 38 % ont divorcé. » Réaction à froid de Valérie Baléo, psychanalyste : « Cela ne m'étonne pas, même si le divorce est avant tout un problème de société qui n'a rien à voir avec la psychanalyse. D'ailleurs, un thérapeute veillera toujours à déconseiller une décision en cours de cure. Cela pourrait relever d'un "acting out", un passage à l'acte, au même titre que l'envie soudaine de faire un bébé. Bien sûr, on ne peut empêcher les gens de faire ce qu'ils veulent, mais on peut les mettre en garde : divorcer en cours de cure, c'est souvent l'effet d'un transfert sur la personne de l'analyste : c'est d'avec lui qu'on veut "divorcer" ! »

Rendez-lui son pénis

Il ne vous désire plus comme avant. Il est de moins en moins câlin. Il manque d'imagination au lit. Il rechigne à faire un bébé. Il vous laisse sortir les poubelles, payer au restaurant, déboucher le vin à la maison. Il ne sait plus vous séduire. Il se laisse aller physiquement. Il vous fait de moins en moins rire... Mauvais signes. Votre homme perd son pénis. Ce qui faisait sa fierté, lui donnait la pêche pour conquérir le monde tous les jours et vous toutes les nuits est en train de partir en quenouille. Remarquez, ça se comprend. Il ne s'est toujours pas remis du féminisme. Du jour au lendemain, il s'est retrouvé privé de l'autorité naturelle que lui donnait son seul statut d'homme et interdit de machisme. Plus moyen pour lui de jouer les durs à la maison pour compenser quand la vie lui fait bobo. Plus moyen de s'en sortir par une simple pirouette quand il fait une grosse bêtise. L'expérience vous a rendue nettement plus exigeante et plus critique. Il a moins de marge de manœuvre. Il sait que vous ne vous privez pas de comparer et vous avez le choix. Forcément, il se sent un peu, beaucoup, déboussolé. D'un côté, il est en permanence sous pression dans son job. Il est obligé de se battre de plus en plus dur contre ses petits camarades. Il a peur du chômage. Un jour ou l'autre, il devra y passer comme tout le monde. De l'autre, il a peur de vous perdre s'il n'assure pas. Vous êtes libre, indépendante. Vous pouvez le lâcher à tout moment si ça ne va pas. Il y pense tout le temps. Et un peu plus quand il doit remplir sa déclaration d'impôts ou dépenser une petite fortune pour votre anniversaire. À force de n'être plus sûr de rien, d'avancer à l'aveuglette, il doute de plus en plus de lui-même et il se dévirilise. Vous ne faites rien ? Bientôt, ce n'est plus un homme que vous aurez mais une ombre. Au contraire, regonflez son moral, injectez-lui de la confiance, restaurez sa virilité et vous profiterez pendant longtemps d'un mâle en parfait état de marche à tous points de vue : affectif, sexuel, financier...

Comment doper sa mâle attitude

Chez un homme, le pénis et l'ego sont indissolublement liés. Son pénis (symboliquement, son phallus) est son étalon de référence par rapport à lui-même et aux autres. C'est ce qui le virilise, lui donne son identité sexuelle et sociale. D'où la nécessité pour lui d'« en avoir ou pas ». C'est un peu culturel et beaucoup génétique. C'est une des grandes différences biologiques entre hommes et femmes. Les femmes arrivent au plein développement de leurs capacités cérébrales beaucoup plus tôt que les hommes, à l'âge où l'intérêt d'un enfant se focalise normalement sur la nourriture. Eux, c'est plus tard, à l'âge des premières préoccupations sexuelles. On le voit bien d'ailleurs quand il y a un problème de développement chez un enfant. Chez les filles, cela se traduit presque toujours par des troubles du comportement alimentaire, des anorexies, des boulimies (plus tard vous perdez des kilos quand vous tombez amoureuse ou vous videz le frigo en cas de gros chagrin d'amour). En revanche, chez les garçons, les troubles sont d'ordre sexuel. Cela explique aussi que, par la suite, ils pensent souvent sexe. Une enquête menée par la revue américaine *Men's Health* montrait qu'à 30 ans les hommes pensent au sexe toutes les quinze minutes ; à 40 ans, toutes les vingt minutes et qu'à 20 ans ils ne pensent qu'à ça. Ça explique aussi qu'un homme identifie toujours ses capacités sexuelles à ses capacités tout court, confond souvent ses performances au lit et dans la vie. Ou que tous les grands et les petits problèmes qu'il rencontre l'affectent aussi bien moralement que sexuellement. Et forcément, son pénis et son ego sont toujours en interaction. Quand il a l'ego qui flanche, son pénis flanche aussi et vice versa. En revanche, ses succès dans la vie active le dopent sexuellement et ses « prouesses » sexuelles (avec vous ou une autre) le rendent plus combatif. Autre raison pour laquelle son pénis occupe une place importante dans son existence, corporellement c'est ce qu'il a de plus central et de plus saillant ; c'est ce qu'il voit en premier chez lui ou quand il regarde un autre homme nu. La plupart de ses craintes sont d'ailleurs focalisées sur son pénis. Il l'imagine souvent plus petit qu'il ne l'est en réalité. D'abord, parce qu'il a toujours dans la tête l'image du petit pénis qu'il avait au moment de la puberté. Ensuite, parce qu'il le voit de haut. Vu de face ou de profil, le pénis d'un autre homme paraît toujours plus grand ou plus gros. Chez un homme aussi, le pénis est dehors. Pour lui, il fait partie des « instruments ». Au même titre que les mains, les pieds, ça lui sert pour agir, avancer, s'affirmer. Conséquence : tout ce qui le freine ou le bloque dans sa liberté de mouvement l'empêche dans ses projets, l'atteint inévitablement dans son pénis. Dès qu'il ne réussit pas comme il veut, chaque fois qu'il connaît des revers professionnels, financiers, c'est son pénis qui trinque. Le doute s'installe, il perd (sans même s'en rendre compte) petit à petit toute confiance en lui, il se sent de plus en plus impuissant. Et cela l'entraîne parfois dans une mécanique d'échec : il réussit moins bien – il doute un peu plus de soi – il perd un peu plus son pénis – il est moins « performant » sexuellement – il doute encore plus de soi – il réussit encore moins bien socialement ou dans son travail, etc. Un engrenage qui peut vite devenir infernal si vous ne l'aidez pas à l'éviter ou à en sortir. Vous ne pouvez pas empêcher que son patron ou les impôts lui fassent des misères. Vous ne pouvez rien faire si son équipe de foot perd le championnat ou si sa maman le harcèle trois fois par jour. Mais vous pouvez tous les jours le « remonter » en douceur. Déjà en évitant d'avoir des attitudes ou de lui tenir des propos qui contribuent à le dévirili-ser. Sans faire exprès, vous le mettez souvent plus bas que terre (vous imaginez ce que ça nous fait quand vous le faites exprès). Ensuite, en brossant son ego dans le sens du poil.

Appréciez-le tous les jours

Il regarde une autre femme dans la rue, il renifle ses chaussettes, il squatte la télé pour son match de foot, il essaie de se défiler pour l'anniversaire de votre maman... En vivant à deux ou tout comme, vous avez mille occasions tous les jours d'être horri-pilée par son attitude ou ses manières. Forcément, vous réagissez. Vous lui lancez des regards noirs, des piques, des reproches. Et vous avez raison. Sauf que ce n'est pas juste. Vous oubliez toutes les quali-tés qui font que vous l'avez choisi. Vous oubliez toutes les fois où il est formidable. C'est normal. Vous avez appris à les considérer comme allant de soi. Spontanément, on a tous tendance à critiquer ce qui est mal et à faire l'impasse sur ce qui est bien. Pour compenser, vous devez aussi louer ses bons côtés, apprécier ce qu'il fait et ce qu'il est. Chaque jour, trouvez quelque chose où il a été bien et dites-le-lui. Pensez à une qualité que vous aimez parti-culièrement chez lui et dites-le-lui aussi. Vous pouvez essayer les compliments indirects, par exemple, vantez ses mérites auprès de ses plus pro-ches amis et sa famille. Forcément, cela reviendra à ses oreilles.

Critiquez « constructif »

Votre homme n'est pas parfait. Vous avez forcément des critiques à lui faire. Des critiques toujours désagréables à entendre surtout quand elles sont justifiées. Si, en plus, vous vous y prenez mal, vous obtenez l'effet inverse de celui que vous recherchez. Au lieu de faire un effort pour s'améliorer, il se démotive un peu plus. Il se dit : « À quoi bon, je n'y arriverai jamais. » C'est ce qui se passe chaque fois que vous l'attaquez avec des formules du genre « C'est toujours ta faute », « Tu ne changeras jamais », « Avec toi, c'est toujours pareil », « Je te l'ai déjà dit cent fois », etc. Évitez. Ne gaspillez pas votre temps et votre énergie en reproches inutiles et dévalorisants. Il fait une bourde, il est « pas bien », montrez-vous constructive. Commencez par bannir les « toujours » et les « jamais ». Utilisez des formules motivantes du style : « Ce n'est pas terrible, hein ! Qu'est-ce que tu pourrais faire pour que ce soit mieux la prochaine fois », « Tu as fait ton possible, je suis sûre que la prochaine fois ça se passera bien », « Tu fais des progrès tous les jours », etc. Évitez aussi de le critiquer devant les autres, surtout vos propres amis ou votre famille. Même s'il a vraiment tort. Il est toujours temps de vous expliquer plus tard à la maison.

Reconnaissez ses bonnes intentions

Un homme, ça n'est jamais très à l'aise dans les situations affectives. Et même souvent très maladroit. Il peut vous blesser sans le faire exprès, vous décevoir sans s'en rendre compte. Quand cela arrive, ne boudez pas, ne faites pas la tête, ne l'accablez pas de reproches. Il se sent coupable et cela le fragilise un peu plus. Au contraire, en lui reconnaissant d'emblée de bonnes intentions (il en a beaucoup sinon vous ne seriez pas avec lui) : « Je sais que tu ne l'as pas fait exprès, mais... », « Tu voulais bien faire, mais... », vous renforcez ce qu'il y a de meilleur en lui. C'est plus facile ensuite de lui montrer le côté négatif de son comportement. Ne présumez surtout pas de sa capacité à comprendre spontanément. Vous ne sentez pas, vous ne pensez pas pareil. Ce qui vous touche vous peut très bien lui être indifférent et vice versa. Expliquez-lui en quoi vous êtes déçue ou blessée par son attitude ou ses manières. Demandez-lui pourquoi, à son avis, c'est arrivé et ce qu'il faut faire pour que ça change.

Obligez-le à se raconter

Un homme, c'est branché cerveau gauche, programmé pour extraire des racines carrées ou pour conduire très vite des automobiles parce que ça a une bonne coordination tête-mains-pieds. En revanche, ce n'est pas très doué (et même souvent très handicapé) pour exprimer ses sentiments. En plus, la majorité des hommes sont habitués à ne presque jamais parler d'eux-mêmes. Vous, quand vous avez des états d'âme, un coup de blues, des doutes, un « problème » sentimental, vous pouvez trouver au moins trois copines pour en parler pendant des heures, vous libérer, y voir plus clair, etc. Pas lui. Il accumule, et tout cela contribue à le diminuer. Aidez-le à trouver les mots pour dire ce qu'il ressent, les joies, les peines, les peurs et les colères, ça le fortifie. Au début, il peut avoir du mal, éprouver parfois une certaine anxiété à exprimer ses sentiments. Ne le lancez pas d'emblée sur des problèmes de fond. Prenez l'habitude de lui demander souvent ce qu'il sent (au lieu de ce qu'il pense). Quand il a l'air préoccupé ou contrarié, mais aussi quand il est heureux. Encouragez-le à se raconter, à exprimer ses sensations et ses émotions, à parler de ses désirs et de ses rêves.

Montrez-lui vos propres faiblesses

Un homme, c'est un petit garçon qui a grandi avec des rêves de héros. C'est Lancelot ou Super Mario avec une princesse à délivrer. Quand vous jouez tout le temps les femmes fortes, vous le privez de ses rêves. S'il ne peut pas vous sauver, il ne sert à rien. Il pense : « Elle n'a vraiment pas besoin de moi » et il se dévirilise un peu plus s'il est déjà en petite forme. Plus vous assurez, plus il se défile quand vous avez vraiment besoin de lui. Ou pire, il se met en quête de minettes en détresse (ça ne manque pas) pour assouvir ses pulsions héroïques. Alors, arrêtez de paraître indestructible (ça lui file en plus des complexes), de donner dans l'hyper autonomie.

Au contraire, montrez-lui souvent que vous avez aussi besoin qu'il vous tienne la main. N'hésitez pas à lui dire quand vous êtes fatiguée ou que vous avez un grand coup de cafard. N'hésitez pas à l'appeler au secours pour régler vos problèmes ou porter vos paquets. Plus vous jouez sur ses fibres protectrices (de la veuve et de l'orpheline), plus vous le renforcez dans sa virilité.

Posez des questions « dynamiques »

Tous les jours, vous lui posez, sans même vous en rendre compte, de nombreuses questions sur ce qu'il pense, dit, fait ou va faire, veut ou ne veut pas. La façon dont vous formulez ces questions est chargée d'un pouvoir négatif ou positif. Toutes les questions qui commencent par « Pourquoi » sont pratiques quand c'est purement technique. « Pourquoi le ciel est bleu ? » Parce que les poussières et les gouttes d'eau présentes dans l'air réfléchissent les radiations bleues des rayons solaires et absorbent les autres couleurs. « Pourquoi tu t'arrêtes ? – Parce que j'ai plus d'essence. » En revanche, quand la question est personnelle, ça bloque. Il n'y a pas de réponse sauf « Parce que », sous-entendu « C'est comme ça » ou « Je suis comme ça ». Ça ne permet pas d'avancer, de trouver des solutions. Chaque fois que vous demandez « Pourquoi » à un homme : « Pourquoi tu as fait ça ? », « Pourquoi tu réagis comme ça ? », « Pourquoi tu ne rinces jamais la baignoire derrière toi ? », vous polarisez automatiquement son attention sur les difficultés. Vous rajoutez à ses problèmes et vous éveillez en lui des sentiments négatifs d'impuissance, de colère ou de culpabilité. Faites commencer vos questions par « Comment » ou « Que » : « Comment tu vas faire maintenant ? », « Qu'est-ce qui t'a fait réagir comme ça ? », « Comment faire pour que tu penses à rincer la baignoire… ? », ça change tout. En orientant son attention sur des solutions, vous lui donnez confiance et vous le mobilisez pour trouver des solutions.

Dites-lui clairement ce que vous attendez de lui

Vous avez des exigences. C'est normal. Il vous aime, il veut les satisfaire. C'est normal aussi. Mais, forcément, il vous idéalise. Et, vous idéalisant, il fantasme souvent (plus ou moins consciemment) sur le fait que vous avez des exigences qu'il n'a pas les moyens de satisfaire. Il croit qu'il doit être bon dans tous les rôles. Il se sent obligé d'être performant comme amant, père, mari, banquier, etc. Il imagine que vous allez lui en vouloir si vous n'avez pas un orgasme chaque fois que vous faites l'amour, s'il ne peut pas vous offrir un mois de vacances pieds dans l'eau dans un palace aux Seychelles ou s'il ne se douche pas trois fois par jour. Dites-vous aussi que certaines exigences qui vous semblent tout à fait raisonnables peuvent lui paraître tout à fait irréalistes. En abordant franchement le problème avec lui, par exemple dans un domaine (le sexe, l'argent, l'éducation des enfants, la manière dont vous avez envie de vivre, etc.) où vous êtes souvent en désaccord, vous désamorcez ses fantasmes négatifs. Vous lui permettez de relativiser ce qui lui arrive et de dédramatiser ses propres problèmes. Vous lui montrez en plus que, si vous l'aimez aussi pour ce qu'il fait (pour vous ou en général), vous l'aimez d'abord pour ce qu'il est.

Ne le comparez pas à « trop grand »

Depuis qu'il est petit, votre homme a l'habitude de se comparer. Ça commence par celui qui fait pipi le plus loin, ensuite, celui qui a le plus gros zizi, le plus de succès avec les filles ou la meilleure note en maths. Après, la compétition continue sous d'autres formes, on passe du plus gros zizi à la plus grosse voiture, dans d'autres domaines, le travail, l'argent, etc. Parfois la comparaison n'est pas trop flatteuse, mais votre homme, comme tous les autres, a un système de défense éprouvé. Son ego l'empêche quasi automatiquement de se comparer à trop fort, trop grand, trop beau. Dans ces cas-là, il ne « voit » pas. Quand vous lui mettez systématiquement sous le nez (sans le faire exprès ou alors dans l'idée de le stimuler) les succès d'Untel ou Untel qui a (apparemment) mille fois mieux réussi que lui, vous le déprimez dans son ego et dans son pénis. Surtout si Untel est son meilleur ami-de-trente-ans ou son frère à peine aîné, votre papa ou votre ex. Comparez, mais pas trop souvent, et toujours dans sa catégorie.

N'entrez pas en concurrence

En vouloir aux hommes, pour un psy, c'est normal, assez fréquent et ça s'explique un peu par les expériences passées d'une femme et beaucoup par son envie du pénis. Chaque petite fille, en s'apercevant qu'elle est sexuellement différente des garçons, connaîtrait l'envie du pénis. Souvent, cette envie forge son caractère. Pour Freud, l'envie du pénis serait même l'élément fondamental de la sexualité féminine. Elle naîtrait au moment de la découverte de la différence anatomique des sexes. La petite fille percevrait cette différence comme un moins, un manque. Elle se sent lésée et veut avoir un pénis comme les garçons. Mais cette envie se développerait par la suite de façon différente. Normalement, au cours de la phase œdipienne, elle se transforme en envie d'avoir un pénis au-dedans de soi, à la fois envie de jouir du pénis dans le coït et désir d'enfant. Selon Freud : « Le désir avec lequel la petite fille se tourne vers le père est sans doute à l'origine le désir du pénis que la mère lui a refusé et qu'elle espère maintenant avoir de son père. Toutefois, la situation féminine ne s'établit que lorsque le désir du pénis est remplacé par le désir de l'enfant et que l'enfant, selon la vieille équivalence symbolique, vient à la place du pénis. » Mais elle peut aussi évoluer de façon pathologique. Karl Abraham, un autre psychanalyste, a distingué deux types caractériels fondés sur l'envie du pénis : le type fantasmatique et le type vengeur. Dans le premier cas, on a des femmes phalliques, plutôt indépendantes (elles assument le rôle d'homme) ou ultranarcissiques (par exemple, les toxicos de la mode, les accros aux soins de beauté). Dans le second, des castratrices (« le sujet désire avant tout se venger du mâle plus heureux en le castrant »). Cette vengeance peut prendre parfois des formes agressives : « Je vais vous montrer que je peux être aussi virile que vous. » Parfois aussi, des formes apparemment plus douces : « Je vais vous forcer à m'admirer, à m'aimer. » Dans un cas, on a des femmes de tête, de pouvoir, très indépendantes, plutôt ambitieuses (compétition, rapports de force avec les hommes dans le travail ou la vie privée). Dans l'autre, des femmes hyperféminines (revanche par la séduction). Évidemment, il n'y a pas de frontière rigide entre ces deux catégories. Beaucoup de femmes ont des comportements à la fois, ou tour à tour, agressifs et séducteurs. Mais, dans un cas comme dans l'autre, elles disputent d'une certaine manière leur pénis aux hommes. C'est inévitable et un peu bête : une femme n'est pas obligée de castrer (symboliquement) un homme pour avoir le phallus (le pouvoir, la liberté, etc.). Contrairement à une idée souvent reçue, le phallus, c'est quelque chose qui se partage, qui doit unir, pas séparer.

Faites confiance

Ne l'idéalisez pas. On porte tous en nous une image d'un autre idéal qui rend l'amour aveugle. Quand on aime, on ne veut pas voir les défauts de l'autre. Mais, le jour où on en prend conscience, la déception est parfois si forte qu'on lui en veut terriblement. Alors, partez toujours du principe que c'est loin d'être un ange. Mais ne l'accusez pas de tous les maux non plus. Quand vous dites : « Tout est ta faute », « Tu es trop bête », inconsciemment vous pensez « C'est ma faute », « Je suis trop bête » de le supporter. Vous le dévalorisez, mais vous vous dévalorisez également, sans même vous en rendre compte. C'est un principe connu dans toutes les méthodes d'éducation et de management : quand on veut le meilleur de quelqu'un, il ne faut pas le soupçonner du pire, mais au contraire lui montrer qu'on attend beaucoup de lui. Alors, faites-lui confiance plus souvent (faites au moins semblant) et dites-le-lui. Vous pouvez obtenir beaucoup plus d'un homme en utilisant des formulations positives comme « Je sais que je peux compter sur toi… », « Je ne doute pas un seul instant que tu… » plutôt que « Pour une fois, tu pourrais faire un effort… », « Tu crois que tu seras capable de… ».

Table des matières

Remerciements

Ce livre n'aurait pas été possible sans des milliers d'heures de conversation avec des femmes, des hommes aussi, même s'ils ont été moins nombreux à se livrer, qui m'ont accordé leur confiance et parlé vrai des difficultés et des joies de leurs relations amoureuses. Je les remercie tous chaleureusement. Un grand merci également à Isabelle Chazot avec qui j'ai travaillé sur ces questions pendant tant d'années.

Bienêtre

9141

Composition : NORD COMPO
Achevé d'imprimer en Espagne
par Litografia Roses
le 1 mars 2011.
EAN 9782290021248
1er dépôt légal dans la collection : décembre 2009

Éditions J'ai lu
87, quai Panhard-et-Levassor, 75013 Paris
Diffusion France et étranger : Flammarion